John und Paula Sandford
Koautor und Herausgeber: Norm Bowman

Weckt den schlummernden Geist

Verlag Gottfried Bernard
Solingen

John und Paula Sandford sind Gründer des christlichen Dienstes *Elijah House* in Post Falls im Bundesstaat Idaho (USA). Sie sind erfahrene Seelsorger und international anerkannt als Bibellehrer und Buchautoren zu den Themen „Familienerneuerung“ und „Innere Heilung“.

Elijah House, Inc.
S. 1000 Richards Road
Post Falls, Idaho 83854, USA
Telefon (208) 773-1645

Norm Bowman, Paula Sandfords Bruder, ist Präsident des Verlags „Clear Stream Publishing“ in Arlington, Texas (USA). Er absolvierte das William Jewell College und das New Orleans Baptist Theological Seminary und war früher Herausgeber einer Zeitung des Sonntagsschulbeirats der Southern Baptist Convention in Nashville, Tennessee (USA).

Titel der Originalausgabe: Waking the Slumbering Spirit
by John & Paula Sandford;
edited and expanded by Norm Bowman

Übersetzung: Werner Geischberger
Satz: CONVERTEX, Aachen
Grafik: image design, A. Fietz, Landsberg
Druck: Druckhaus Gummersbach

Alle Bibelzitate stammen aus der Elberfelder Bibel,
es sei denn, sie sind anderweitig gekennzeichnet.

ISBN 3-925968-69-5

Inhalt

Widmung

Dieses Buch ist **Barbara Jean Bowman** (23.10.1942 – 09.06.1993) gewidmet. Barbaras Liebe, Ermutigung, Gastfreundschaft, Dienst, Gebet und Verkündigung der Frohen Botschaft Jesu Christi wurden aufgrund ihres wachen Geistes jedermann zum Segen.

Zum Geleit

Was ist neu an diesem Buch?

Seit vielen Jahren konzentriert sich *Elijah House* nun schon auf den Dienst der Wiederherstellung und Versöhnung an wiedergeborenen Christen, die innere Heilung und Umgestaltung brauchen. Ein Großteil unserer Bücher und Lehrvorträge dient der Schulung professioneller und ehrenamtlicher Seelsorger und Berater mit dem Ziel, sie für den Umgang mit den tiefen Verletzungen und geistlichen Nöten ihrer Ratsuchenden zuzurüsten.

Unsere Veröffentlichungen wurden des öfteren von Instituten und Schulungszentren, die Männer und Frauen für einen Dienst im Bereich der Seelsorge und der Gemeindeführung ausbilden, als Skripten herangezogen. Da sie sehr umfassend sind, waren sie dafür hervorragend geeignet.

Doch in den vergangenen Jahren wurden wir von zahlreichen Freunden und Mitarbeitern ermutigt, unsere Publikationen auch einer breiteren Öffentlichkeit ohne akademischen Hintergrund zugänglich zu machen, spezielle Lehrthemen detaillierter zu behandeln und konkret auf die Erfordernisse von Gemeindemitarbeitern, ehrenamtlichen Seelsorgern und Kleingruppen und weniger auf professionelle Berater oder Pastoren und Pfarrer einzugehen.

Da wir in einem ausgedehnten Reise- und Lehrdienst stehen, war es uns nicht möglich, diese Publikation mit neuer Ausrichtung selbst zu verfassen. Aus diesem Grund baten wir Norm Bowman, uns seine Talente als Herausgeber und Verfasser zur Verfügung zu stellen und in diesem Projekt als Koautor zu fungieren. Was dabei herauskam, haben Sie nun in Händen – **Weckt den schlummernden Geist**. Dieses Buch ist die erste von mehreren themenbezogenen Publikationen, die im Rahmen der Serie „Schlüssel der Erkenntnis“ veröffentlicht werden. Norm gelang es, Material aus unseren Büchern, Vorträgen, Kassetten und aus persönlichen Gesprächen zu etwas völlig Neuem zu verdichten, das, sehr zu unserer Zufriedenheit, genau ins Schwarze trifft.

Die Bücher der Serie „Schlüssel der Erkenntnis“ richten sich an Christen, die den Dingen auf den Grund gehen und nach geistlichem Wachstum und Heilung streben, was ihre Beziehung zu anderen Menschen und zu Gott bereichern wird. In jedem Buch finden Sie am Ende eines Kapitels weiterführende Anleitungen, die Sie zu einer persönlichen „Standortbestimmung“, zum Austausch innerhalb einer Kleingruppe und zu einer realitätsnahen „praktischen Anwendung“ ermutigen sollen.

Wir vertrauen darauf, daß die Bücher der Serie „Schlüssel der Erkenntnis“ Hauskreisen, Kleingruppen, Sonntagsschulklassen, Bibelkreisen und Jüngerschaftsschulen, in denen Christen versuchen, einander als Pilger auf demselben Weg zu ermutigen und zu fördern, effektive Anleitungen und Hilfestellung geben werden. Bitte informieren Sie uns durch *Elijah House*, inwieweit uns dies gelungen ist.

John und Paula Sandford

Kapitel 1

Geistliche Schlafwandler

Der zehnjährige Matthew machte sich allmählich Sorgen über die dürre Katze, die jeden Abend vor der Tür zur Küche saß. Nervös kauerte sie auf der Stufe der Veranda und starrte ins Haus in der Hoffnung, daß wir die anderen Katzen draußen fütterten und deshalb noch volle Näpfe in der Küche stehen würden. Ungeduldig wartete sie in der kühlen Abenddämmerung und fixierte uns durch die Windfangtür mit ihren großen, grünen Augen, in denen sich das warme Licht aus dem Inneren der Wohnung widerspiegelte. Sobald wir uns näherten, um sie besser sehen zu können, verschwand sie im Dunkeln. Wenn wir ihr einen vollen Napf hinstellten, lief sie weg und versteckte sich, bis die Glastür wieder zwischen uns war und sie sich beim Fressen sicher fühlen konnte.

Matthew taufte unsere scheue Besucherin „Fraidie“, die Kurzform von „Fraidie-Cat“ – zu deutsch „Angsthase“. Er versuchte sein Bestes, mit sanftem Zureden und Futter in der ausgestreckten Hand ihr Wohlwollen zu ernten, doch Fraidie ging nicht darauf ein. Sie war vielleicht unter irgendeiner Veranda oder in einer Hütte geboren worden und hatte noch nie die zähmende Hand eines Menschen verspürt. Sie war argwöhnisch und furchtsam und fristete ein kärgliches Dasein, indem sie an unserer Hintertür nach Nahrung suchte und bei schlechtem Wetter durch eine der Fensterscheiben unserer Garage kroch, die Matt mit seinem Fußball eingeschossen hatte, und es sich dort gemütlich machte.

Einige Monate später kam es wie es kommen mußte, und Fraidie bekam in unserer Garage Junge. Wir hatten schon so etwas vermutet, staunten aber dennoch nicht schlecht, als wir an einem Samstagmorgen einen fetten, plumpen Fellknäuel hinter den Kisten und alten Fahrrädern in der dunklen Garage erblickten. Eine eingehende Untersuchung brachte ein totes Kätzchen zum Vorschein und überdies ein süßes, verängstigtes kleines Weibchen, das wir vor dem Lebensstil seiner Mutter bewahren wollten.

Das Baby war fast schon entwöhnt, als wir es ins Haus holten; nachdem wir es einige Tage mit einer Pipette gefüttert hatten, stieg es auf feste Nahrung um. Die folgenden Wochen waren wirklich höchst erstaunlich. Das verängstigte und zitternde Kätzchen fand schnell Gefallen daran, im Arm gehalten und gestreichelt zu werden. Am Tag tollte es stundenlang mit Matthew am Boden herum, nachts kuschelte es sich an unseren siebzehnjährigen, blinden und tauben Pudel und holte sich so Wärme und Behaglichkeit bei seiner „Ersatzmutter".

Das Kätzchen war kein „Angsthase" mehr, dem niemand zu nahe kommen durfte und das als einsamer Stromer durchs Leben gehen mußte; ganz im Gegenteil: Sehr bald wurde es ein echtes Mitglied der Familie. Sein Geist fing an zu leben, es war verspielt und zutraulich und blühte richtiggehend auf. Als Zeichen der Hochachtung für die Mutter des Kätzchens nannte Matthew es „Lady", was sich zwar auf „Fraidie" reimte, aber doch so anders war.

Was hat diese Geschichte mit dem schlummernden Geist zu tun? Vielleicht können Sie sie am Anfang einfach nur als Gleichnis sehen und Ihre geistlichen Ohren öffnen. Gott hat so viele Offenbarungen für jene, die zuhören und ihr Herz für seine ständigen Unterweisungen im echten Menschsein öffnen.

Aus dem „Angsthasen" Fraidie wurde Lady, weil sie die richtige Art liebevoller Nahrung* bekam, eine Nahrung, die aus einem wilden Geschöpf ein liebevolles Haustier machte. Überträgt man diese „Moral" von der Geschichte auf die Entwicklung eines Menschen, wird sie zu einer prophetischen Botschaft Gottes. Leider gibt es in unserer Zeit so wenig Erwachsene, die voll „handlungsfähig" sind und einen lebendigen und reaktionsfreudigen Geist haben, eben weil es an entsprechender liebevoller Nahrung fehlt. Die Lösung zu diesem Problem beginnt damit, daß man erkennt und anerkennt, daß es dieses Problem überhaupt gibt.

Alarm zu schlagen, um den schlummernden Geist von Menschen zu wecken, ist genauso eine prophetische Aufgabe wie der

---

* Engl.: „nurture"; wird im weiteren Verlauf des Buchs oft auch mit „Stärkung", „Zuwendung" oder „Förderung" wiedergegeben. (Amn. d. Übers.)

Aufruf der alttestamentlichen Propheten an das Volk Israel, wieder zu seiner richtigen Beziehung zu Gott zurückzukehren.

Schlüssel der Erkenntnis

Es ist die Aufgabe eines Propheten, dem Volk Gottes das Wort des Herrn zu bringen. Der Prophet ermahnt, warnt, gibt Weisung, leistet Fürbitte, lehrt und rät. Er steht auf der Mauer, um zu sehen, was der Herr tut, und um den Leib Christi zu einer entsprechenden Reaktion aufzufordern.

Manche meinen, Gott habe als Folge der Mission und des Dienstes Jesu Propheten und Prophetien ganz abgeschafft, weil man sie nicht mehr brauche. Doch das ist nicht der Fall. Vielmehr hat Gott auf der Grundlage dessen, was Jesus durch seinen Tod und seine Auferstehung vollbrachte, den Funktionsbereich und die Vollmachten des Propheten erweitert. Der Prophet soll nicht länger der einsame Wächter auf den Mauern seiner Kultur sein.

Gott hat die Rolle des Propheten neu definiert, so daß er nun ein voll integrierter Teil der Gemeinde sein kann, die die Aufgabe hat, das Werk Jesu weiterzuführen und der Welt den Weg zur richtigen Beziehung zu Gott aufzuzeigen. Die Gemeinde sollte unter der Führung des Heiligen Geistes ihre prophetische Funktion schätzen lernen und ihre Propheten schützen, indem sie ihnen ein Gerüst und ein Forum gibt, damit sie das Volk Gottes, das ein Wort des Herrn braucht, noch besser erreichen können.

Eine wichtige Komponente dieser prophetischen Rolle besteht darin, den Menschen die göttlichen „Schlüssel der Erkenntnis“ zu erklären, damit jene in eine engere und freiere Beziehung zu ihrem Herrn eintreten können.

> *Wehe euch Gesetzesgelehrten! Denn ihr habt den Schlüssel der Erkenntnis weggenommen; ihr selbst seid nicht hineingegangen, und die hineingehen wollten, habt ihr gehindert.* (Lk 11,52)

Das Leben ist komplex. Obwohl wir uns bemühen, unter Gottes Leitung zu handeln, ist es nicht leicht, in diesem Leben zurechtzukommen und dabei auch noch das Bewußtsein zu haben, man entspreche Gottes Zielvorgaben. Wenn Wertesysteme durcheinandergeraten und Sünde und Lebensumstände uns fesseln, brauchen wir den klaren Blick Gottes, um unseren Weg zu finden und zu einem Leben nach Gottes Muster befreit zu werden. Propheten liefern die Schlüssel der Erkenntnis, damit das Volk diesen klaren Blick bekommt.

Doch leider war die Institutionalisierung der Religion und die strenge Einhaltung von Gesetzen und Ritualen immer schon ein Hindernis auf dem Weg zu jener geistlichen Freiheit, die Gott für uns möchte. Zur Zeit Jesu waren die Pharisäer eifrig darauf bedacht, jeden Menschen dazu anzuhalten, als Gerechter zu leben. Doch Christus verurteilte sie, denn auch wenn sie nicht scheinheilig waren, neigten sie dazu „... die Menschen mit schwer zu tragenden Lasten (zu belasten)“ (Lk 11,46).

Gott will uns nicht mit strengen Verhaltensmaßstäben überfordern oder unsere Hoffnung rauben. Während man Gottes Gesetzen stets gehorchen muß, tragen repressive, von Menschen hinzugefügte moralische Richtlinien und falscher Umgang mit dem Begriff „Schuld“ wesentlich dazu bei, die Freiheit zunichte zu machen, die mit der Erfahrung der Wiedergeburt in Jesus Christus einhergehen sollte. Wir alle brauchen „Schlüssel der Erkenntnis“, die uns helfen, unseren derzeitigen Standort und Zustand zu verstehen. Um im Geist und in der Wahrheit Gottes zu leben, müssen wir unserem Herrn auf einer sehr persönlichen Ebene begegnen und unser tiefstes Inneres aufschließen. Das Wunder, daß Jesus Christus in uns lebt und unser Menschsein zur vollen Entfaltung bringt, muß uns voll bewußt werden.

Die Schlüssel der Erkenntnis versinken in unserer heutigen Welt in einem Morast der Mehrdeutigkeit der Begriffe und sind den Menschen damit unzugänglich. Unsere zeitgenössische Kultur bombardiert uns mit widersprüchlichen Normen und Ideologien. Die Menschen haben keinen festen Grund, auf dem sie ihr Leben bauen und ihr Prioritätensystem errichten können.

Der Herr berief uns vor langer Zeit zu diesem prophetischen Dienst. Zunächst arbeiteten wir als Pastoren, dann gründeten wir das *Elijah House* Zentrum für Seelsorge und begannen schließlich, als Bibellehrer und Autoren um die ganze Welt zu reisen. In den vielen Jahren der Seelsorge sind tausende von Menschen zu uns gekommen, um einen Weg zu finden, die Scherben ihres kaputten Lebens wieder zusammenzufügen.

In diesen Jahren, in denen wir Männer und Frauen von ihren Verletzungen erzählen hörten, aber auch das Reden Gottes vernahmen, wurden uns etliche Schlüssel der Erkenntnis aufgezeigt, die wir der Gemeinde Christi erklären sollten. Dazu zählen:

Der schlummernde Geist

Ein schlummernder Geist kann zweierlei Ursachen haben. Der Geist eines Menschen, dem schon in der Kindheit die Nahrung vorenthalten wird, verkümmert genauso wie eine Blume, der die richtigen Nährstoffe fehlen. Doch auch noch im Erwachsenenalter kann der Geist „einschlafen", wenn ein Mensch Gebet, Bibellese und die Zeit mit Gott vernachlässigt, wenn er sich der innigen Gemeinschaft mit anderen Leuten entzieht, wenn er wiederholt in Sünde fällt und/oder wenn die erneuernde Kraft von Natur, Kunst, Musik und Spaß mit anderen in seinem Leben keinen Platz mehr hat.

Wenn der Geist eines Menschen schlummert, wird dessen „Handlungsfähigkeit" in vielen Lebensbereichen eingeschränkt. Einige Konsequenzen: Ihm fehlt ein echtes, intaktes Gewissen; er ist unfähig, auf einer sehr persönlichen Ebene mit anderen Menschen zu kommunizieren und enge Beziehungen aufrechtzuerhalten; er ist unfähig, anzubeten und eine erfüllende Zeit mit Gott zu verbringen; er ist nicht in der Lage, aus der Vergangenheit zu lernen oder daraus Rückschlüsse auf die Zukunft zu ziehen; es ist ihm nicht möglich, dauerhaft körperlich gesund zu bleiben. Menschen, deren Geist schlummert, erkennen meistens nicht, daß ihre momentane Erfahrung nur einen Bruchteil dessen widerspiegelt, was das Leben noch bereithält.

Leistungsorientierung

Die Leistungsorientierung ist eines der häufigsten Leiden unserer Zeit. Für einen leistungsorientierten Menschen ist es eine obsessive Notwendigkeit, anderen Menschen zu gefallen und mit seinem Verhalten der Erwartungshaltung anderer zu entsprechen. Das bedeutet, daß er alles daran setzt, aus falschen Beweggründen Leistung zu bringen – weil er sich die Liebe anderer und ein Zugehörigkeitsgefühl „erarbeiten" will, obwohl ihm beides bereits zuteil wurde. Das kann zur Folge haben, daß er zwanghaft arbeitssüchtig ist, daß es ihm einzig und allein darum geht, alles richtig zu machen, daß er das unstillbare Verlangen hat, gemocht oder wertgeschätzt zu werden und daß er mit sich selbst unzufrieden ist, angesichts dessen, was er *geleistet* hat, im Gegensatz dazu, wer er als Person *ist*. Bei Christen hängt dieses Problem damit zusammen, daß sie glauben, Gott könne sie nur dann lieben, wenn sie sich diese Liebe erarbeiten.

Urteile und Erwartungshaltungen aufgrund bitterer Wurzeln
Urteile über und tiefsitzender Groll auf Eltern oder andere Menschen, mit denen man wichtige Beziehungen pflegt, können erstaunliche Folgen haben: Diese Urteile können sich in Form von bitteren Wurzeln nach innen kehren und in uns selbst genau dieselben Verhaltensmuster hervorrufen, die wir bei anderen Menschen so schmerzlich und zerstörerisch empfanden! Ohne es zu wissen, kommen unsere eigenen Urteile im täglichen Leben auf uns selbst zurück. Man geht davon aus, daß Dinge so und so laufen werden; infolgedessen scheinen sie sich tatsächlich stets so zu entwickeln, wie man es erwartet hat. Somit erntet man aufgrund einer unveränderlichen Gesetzmäßigkeit die Früchte dessen, was man in Form eines Urteils gesät hat.

Innere Schwüre
Häufig reagiert man auf schmerzvolle Kindheitserfahrungen mit einer Art emotionaler Selbstverteidigung: Man leistet den inneren Schwur, sich in bestimmten Bereichen nie wieder verletzen zu lassen. Diese emotionale Barriere kann uns gewinnbringende Beziehungen verwehren, weil unser Innerstes sich nie genug öffnen wird, um zu vertrauen, um etwas zu riskieren und um sich verletzbar zu machen.

Ein steinernes Herz
Wird ein Mensch jahrelang vernachlässigt oder verletzt, bewirkt dies unter Umständen in ihm eine emotionale Gefühllosigkeit, die den inneren Menschen vor weiteren Verletzungen schützt – man erstickt echte Gefühle; man meidet alles, was verletzbar macht; man erteilt dem liebevollen und zärtlichen Umgang mit anderen eine Absage; man reagiert nicht mehr auf die Nöte anderer Menschen und geht nicht mehr darauf ein. Charakteri-

stisch hierfür ist ein im Zynismus verwurzelter „krasser Individualismus"*, der den Menschen schließlich emotionell unnahbar und unzugänglich macht.

Verletzte Lastenträger
Als liebevolle und einfühlsame Menschen lachen und weinen wir mit unserem Nächsten. Lasten zu tragen kann jedoch auch gefährlich sein: Wenn wir nicht richtig damit umgehen, kann dabei unser Geist verletzt und unsere Lebenskraft geraubt werden. Tragen wir Lasten jedoch in der richtigen Art und Weise durch Fürbitte und mit der stetig erfrischenden Kraft des Herrn, liegt darin ein Schlüssel zu einem erfüllten Leben. Im positivsten Sinne des Wortes forscht ein Lastenträger ganz bewußt nach dem Schmerz seines Nächsten, um diesen Schmerz dem Herrn zur Heilung zu übergeben.

Die Bücher aus der Serie „Schlüssel der Erkenntnis" bringen ans Licht, wie Buße, Vergebung und Umgestaltung durch christliche Liebe innere Heilung bewirken.

Weckt den schlummernden Geist zeigt auf, wie ein schlummernder Geist „diagnostiziert" werden kann, und verweist auf zahlreiche Möglichkeiten, als Christ diesen Zustand der Schwäche zu überwinden. Etliche wichtige Begriffe werden in diesem ersten Kapitel definiert werden. Die folgenden Kapitel erläutern, weshalb der Geist eines Menschen schlummert, veranschaulichen Eigenschaften eines wachen Geistes und machen Vorschläge, wie man den Geist eines Kindes wach halten bzw. den Geist eines schlummernden Erwachsenen wieder wecken kann.

Was ist ein „schlummernder Geist"?
Wenn wir verstehen, was ein schlummernder Geist ist, haben wir einen vollmächtigen und entscheidenden Schlüssel der Erkenntnis, den Gott uns gibt, um Menschen freizusetzen. Während wir uns jahrelang ohne Erfolg abmühten, Menschen durch

---

* Dieser Begriff hat in Amerika eine spezielle Bedeutung: Die zweite Hälfte des 19. Jahrhunderts (Stichwort industrielle Revolution und wirtschaftliche Expansion) nannte man in Amerika „era of rugged individualism", „Ära des krassen Individualismus'". (Anm. d. Übers.)

Seelsorge zu helfen, kristallisierte sich allmählich die Vorstellung heraus, daß der Geist schlummern kann. Zahlreiche Menschen waren scheinbar nicht in der Lage, in ihrem Leben beim Thema Heilung und geistliches Wachstum einen Durchbruch zu erleben.

Obwohl wir es mit jeder erdenklichen seelsorgerlichen Methode versuchten und auf jede uns bekannte intellektuelle und geistliche Quelle zurückgriffen, war es den Ratsuchenden anscheinend nicht möglich, tief verwurzelte Muster destruktiven Verhaltens und zerstörerischer Grundhaltungen zu durchbrechen. Sie suchten aufrichtig nach Hilfe und waren bereit, alles zu versuchen, was wir ihnen vorschlugen. Doch in einigen Lebensbereichen, die für ihr persönliches Wachstum und für dauerhafte gesunde Beziehungen zu anderen Menschen von entscheidender Bedeutung waren, konnte man sie schlichtweg als „handlungsunfähig" bezeichnen.

Wir wunderten uns vor allem deshalb, weil viele dieser Ratsuchenden scheinbar mehr als alle anderen das Rüstzeug hatten, um erfolgreich durchs Leben zu gehen. Sie waren wiedergeborene, bibelgläubige, praktizierende Christen, die versuchten, andere Menschen zu lieben und ihnen zu dienen. Doch in manchen Lebensbereichen hatte es den Anschein, als fehlte etwas Entscheidendes. Ihr Verhalten erwies sich als willkürlich und unvorhersehbar, und sie überraschten jedermann regelmäßig mit Entscheidungen und Handlungen, die im Gegensatz zu ihrem Glauben als bekennende Christen standen.

Viele dieser Leute waren offensichtlich unfähig, den Zusammenhang zwischen Ursache und Wirkung zu begreifen. Sie kamen nicht zu dem Schluß, daß bestimmte Verhaltensweisen unausweichlich zerstörerische Konsequenzen für sie selbst und für ihre Mitmenschen nach sich ziehen. Es war charakteristisch, daß sie nur für den Augenblick lebten und scheinbar nicht in der Lage waren, Entscheidungen fallen zu lassen, die sie hundertprozentig in Schwierigkeiten bringen und im Leben und im Geist geliebter Mitmenschen Verletzungen hinterlassen würden.

Ein Paradebeispiel hierfür war ein junger Mann, der mit seiner Frau zu uns in die Seelsorge kam. Es sah so aus, als ginge in seinem Leben alles glatt. Seine Liebe zu seiner Frau und zu seinen Kindern war unbestreitbar. Als Mitglied einer charismatischen Gemeinde war er mit dem Heiligen Geist erfüllt, glaubte der Bibel und beteiligte sich aktiv am Gemeindeleben. Aber er kam immer wieder in Schwierigkeiten, weil er seine Rechnungen nicht bezahlte. Er kaufte Dinge auf Kredit, versäumte es jedoch, die fälligen Raten zu zahlen. Als die Gläubiger bei ihm anriefen, fing er an zu toben, weil er der Meinung war, sie hätten kein Recht, ihm auf die Nerven zu gehen! Er war sich anscheinend nicht darüber im klaren (auch plagte ihn kein schlechtes Gewissen), was er anderen Leuten antat, indem er nicht zahlte.

Außerdem ließ er sich immer wieder mit anderen Frauen ein, und sein Gewissen wies ihn offenbar nicht darauf hin, daß sein Verhalten moralisch untragbar wäre. Es war ihm nicht bewußt, daß sein ehebrecherisches Verhalten den Herrn und seine Frau verletzte und außerdem der Beziehung zu seiner Familie schadete. Nach vielen frustrierenden Seelsorgeterminen schrien wir zu Gott: „Was läuft hier eigentlich?! Warum handelt dieser Typ nicht verantwortlich und zahlt seine Rechnungen? Warum bekommt er wegen seines unmoralischen Verhaltens kein schlechtes Gewissen?"

Zu jener Zeit reisten wir viel und begegneten des öfteren einigen bekannten Evangelisten und Predigern, die überall im ganzen Land bei Gottesdiensten sprachen. Als wir uns mit den Leuten aus den Gemeinden vor Ort unterhielten, staunten wir nicht schlecht, als wir erfuhren, daß etliche dieser geistlichen Größen als Schürzenjäger bekannt waren, die in fast jeder Gemeinde, die sie besuchten, mit Frauen ins Bett gingen. Das hatte natürlich zur Folge, daß in diesen Gemeinden viele Menschen verletzt waren und Schmerz empfanden; junge Christen, die noch auf wackeligen Beinen standen, wurden desillusioniert, weil sie von eben jenen geistlichen Berühmtheiten zum Glauben gebracht worden waren.

Wiederum riefen wir zu Gott: „Wie ist das möglich? Wie kann es sein, daß sich solche Männer, die wirklich an den Herrn glauben und ihm aufopferungsvoll dienen, kein Gewissen aus ihrem moralisch falschen Handeln machen? Warum lassen sie es zu, daß ihr Zeugnis als Christen durch ihren unmoralischen Lebenswandel derart gefährdet wird?"

Wenn man die Frage beleuchtet, warum Männer und Frauen Gottes nicht gottesfürchtig handeln, muß man zunächst verstehen, daß die Gaben und die Berufung Gottes unwiderruflich sind.

> *Denn Gott nimmt seine Gnadengaben und Berufung nicht zurück.* (Röm 11,29; Albrecht)

Gott nimmt eine Gabe oder eine Berufung, die er einmal gegeben hat, nicht zurück. Wenn jemand durch die Kraft Gottes ein Wunder wirkt, läßt das keinerlei Rückschlüsse auf den Charakter dieser Person, sondern nur auf den Charakter Gottes zu.

Manche Leute tun sich außerordentlich schwer mit dieser Vorstellung, da wir der Persönlichkeit des Menschen, der die Botschaft bringt, oft mehr Bedeutung beimessen als dem Gehalt und der Vollmacht der Botschaft an sich. Ein Prediger kann uns nicht retten oder heilen; nur die Kraft Gottes kann uns retten und heilen. Der Prediger ist lediglich das Werkzeug, dessen sich der Heilige Geist bedient, um uns zu erreichen. Gott kann selbst durch Schurken makellose Wunder wirken, was er ja auch oft tut.

Die Gültigkeit Ihrer Taufe hängt nicht davon ab, wie gerecht der Priester oder Pastor ist, der Sie getauft hat. Ihre Taufe ist eine Sache zwischen Ihnen und Gott. Die Kraft des Sakraments hängt einzig und allein von der Gnade Gottes ab. Genauso kann man sagen, daß die Einheit mit Jesus Christus, die Sie im Abendmahl erleben, nicht davon abhängt, ob derjenige, der das Abendmahl austeilt, gerecht ist oder nicht. Vielleicht ist er ein Gauner, doch das Abendmahl behält dennoch seine Gültigkeit, weil Gott selbst dahinter steht und so oder so wirkt.

Die Tatsache, daß jemand Wunder wirkt, bedeutet nicht automatisch, daß er wie ein Gerechter lebt. Der Mensch ist nicht für das Wunder verantwortlich und man sollte ihn auch nicht verehren, so als hätte er diese Kraft. Gott wirkt die Wunder, und manchmal entscheidet er sich dafür, die Wunder durch Menschen zu wirken, die nach unserem irdischen Standard eigentlich unwürdig wären.

Verwirrt, verletzt und enttäuscht über Christen, die offensichtlich gewissenlos waren, baten wir Gott um eine Antwort auf unser inzwischen brennendstes Gebet: Wir schrien einfach nur: „Hilfe!“ Gott hörte unseren Ruf und gab uns Antwort.

Er offenbarte folgendes: Diese Menschen hatten noch nie einen wachen Geist. Ihr Geist schlummert.

Augenblicklich tauchten weitere Fragen auf: Was hat man unter einem „schlummernden Geist“ zu verstehen? Wo und wie ist in der Bibel von einem „schlummernden Geist“ die Rede?

Der Herr zeigte uns auch, daß jemand, der geistlich schläft, in den Bereichen, in denen der Geist Gottes am tiefsten in sein Inneres vordringt, nicht handlungsfähig ist. Zu diesen Lebensbereichen gehören das Gewissen, der Aufbau und die Erhaltung persönlicher Beziehungen, innige Kommunikation mit anderen und die persönliche Zeit vor Gott. Die Gedankenwelt eines solchen Menschen ist intakt. Seine Emotionen sind intakt. Der Geist hingegen funktioniert unzureichend oder gar nicht, weil er sich in einer Art Schlafzustand befindet. Als wir uns in die Heilige Schrift vertieften, fanden wir viele Hinweise auf den schlummernden Geist, die uns bis dahin entgangen waren.

> *Alles aber, was bloßgestellt wird, das wird durchs Licht offenbar; denn alles, was offenbar wird, ist Licht. Deshalb heißt es: 'Wache auf, der du schläfst, und stehe auf aus den Toten, und der Christus wird dir leuchten!'* (Eph 5,13-14)

Wir hatten diese Passage vorher schon öfters gelesen und waren der Meinung gewesen, Paulus würde darin lediglich die geistlichen Grünschnäbel in Ephesus ermahnen, ganze Sache zu machen, sich mehr zu engagieren und ihr unmoralisches Leben hinter sich zu lassen. Doch beim näheren Hinsehen entdeckten wir viel mehr: Es geht hier um den schlummernden Geist, um Christen, die so in ihrem Lebensstil gefangen sind, daß Paulus sie quasi mit Zombies vergleicht, die von den Toten auferweckt werden müßten, damit das Licht Christi in ihrem Leben scheinen könnte.

Ob der Geist eines Menschen erstickt wurde, weil ihm als Kind die Förderung und Zuwendung der Eltern fehlte, oder ob er im Erwachsenenalter einschlief, weil jene Person an Sünden hing, vor der Liebe anderer Menschen floh und Anbetung und

Gebet vernachlässigte, ist sekundär; die Auswirkungen sind dieselben.

Der Geist wird in einer Schattenwelt des Nicht-Bewußt-Seins eingesperrt. Obwohl die Gedanken und Gefühle des Betreffenden wach sind, ist er ein geistlicher Schlafwandler.

Man entkommt dieser finsteren Falle nicht, indem man rein verstandesmäßig sagt: „Ich glaube“ oder sich aus Leibeskräften anstrengt, ein Mensch mit hoher Moral zu sein. Der Geist muß erweckt und durch konsequente Jüngerschaft sowie die geduldige Liebe von Freunden und Familienangehörigen wieder neu genährt werden.

Das Erwachen beginnt damit, daß Ihnen der eigene Dämmerzustand bewußt wird. Das Erwachen nimmt Form an, sobald Sie neue Verhaltensweisen (wie jene, die Paulus in Epheser 5 aufzählt) lernen. Während Sie sich diesem neuen Weg zuwenden, wird Ihr Geist aufwachen und das Licht Jesu Christi wird über Ihnen und durch Sie scheinen.

♦ Seien Sie umsichtig und weise in der Wahl Ihres Lebensstils.

♦ Finden Sie heraus, was dem Herrn gefällt, und werden Sie ein Nachahmer Christi.

♦ Meiden Sie Rauschmittel, die Ihre Sinne benebeln und Sie für unmoralisches Handeln empfänglich machen.

♦ Verbringen Sie unbeschwerte Gemeinschaft mit anderen Menschen, wo viel gelacht und gesungen wird und die Freude des Heiligen Geistes spürbar ist.

♦ Danken Sie Gott für alles, was das Leben Ihnen bringt.

♦ Ordnen Sie sich einander als christliche Geschwister in Liebe und gegenseitigem Vertrauen unter.

♦ Seien Sie, was Ihre Beziehungen innerhalb Ihrer Familie betrifft, ein Ehrenmann, und behandeln Sie alle anderen mit Hochachtung und Umsicht.

♦ Suchen Sie Kraft, Nahrung und Fürsorge beim Herrn. Vertrauen Sie darauf, daß er die Kraft hat, Sie zu erhalten und zu bewahren.

In den darauffolgenden Monaten brachte unser Studium der Heiligen Schrift noch weitere Wahrheiten über den schlummernden Geist zutage und gab damit auch Antworten auf unsere Gebete. Es gibt sehr viele Menschen, deren Geist schlummert. Viele innerhalb der Gemeinde Jesu, auch geistliche Leiter, gehen wie Träumer durchs Leben.

> *(Israels) Wächter sind blind, sie alle erkennen nichts. Sie alle sind stumme Hunde, die nicht bellen können. Sie träumen, liegen da, lieben den Schlummer.* (Jes 56,10)

> *Es ist Zeit für euch, aus dem Schlaf aufzuwachen! Denn der Zeitpunkt unserer endgültigen Rettung ist jetzt näher als damals, als wir zum Glauben kamen. Die Nacht geht zu Ende, bald ist es Tag. Deshalb wollen wir nicht Dinge tun, die in die Dunkelheit gehören, sondern mit den Waffen des Lichtes kämpfen. Wir wollen so leben, wie es zum hellen Tag paßt. Keine Sauf- und Freßgelage, keine sexuelle Zügellosigkeit, kein Streit und keine Eifersucht! Laßt Jesus Christus, den Herrn, euer ganzes Handeln bestimmen! Macht euch nicht zu Sklaven eurer Wünsche und Triebe!* (Röm 13,11-14; Gute Nachricht)

Hier muß man eins verstehen: Wenn unser Geist wach ist, lassen wir Jesus unser ganzes Handeln bestimmen (d. h. „ziehen wir Jesus an", Röm 13,14; EÜ) und wandeln seinem Wesen entsprechend. Wenn unser Geist jedoch einschläft, ziehen wir das Fleisch an und wandeln im Fleisch.

> *Wach auf, wach auf! Kleide dich, Zion, in deine Kraft! Kleide dich in deine Prachtgewänder, Jerusalem, du hei-*

lige Stadt! Denn nicht mehr länger soll dich ein Unbeschnittener und ein Unreiner betreten. Schüttle den Staub von dir ab! Steh auf, setz dich hin, Jerusalem! Mach dich los von den Fesseln deines Halses, du gefangene Tochter Zion! (Jes 52,1-2)

Ihr aber, Brüder, seid nicht in Finsternis, daß euch der Tag wie ein Dieb ergreife; denn ihr alle seid Söhne des Lichtes und Söhne des Tages; wir gehören nicht der Nacht noch der Finsternis. Also laßt uns nun nicht schlafen wie die übrigen, sondern wachen und nüchtern sein. (1 Thess 5,4-6)

Können Sie sich vorstellen, wie eine Gemeinde, die „chronisch" schläft, wach bleiben möchte, um die Wiederkunft des Herrn zu erwarten? Paulus spricht hier nicht vom physischen Schlaf, oder? Vielmehr redet er vom geistlichen Schlaf.

Siehe, ich komme wie ein Dieb. Glückselig, der wacht und seine Kleider bewahrt, damit er nicht nackt umhergehe und man nicht seine Schande sehe! (Offb 16,15)

Hier sehen wir, daß wir die Kleider Jesu Christi verlieren und in der Schande des Fleisches wandeln, wenn wir geistlich einschlafen.

Nachdem wir diesen Schlüssel der Erkenntnis zum Phänomen „Schlummernder Geist" gefunden hatten, gingen wir hinaus, um dem Leib Christi von unserer neuen Entdeckung zu berichten. Doch sehr zu unserem Leidwesen mußten wir feststellen, daß die meisten Leute die Funktionen des menschlichen Geistes nur wenig oder überhaupt nicht verstanden hatten. Aus diesem Grund war es notwendig zu erklären, was der Geist des Menschen ist und ihn gleichzeitig (1.) von den Funktionen der Seele, (2.) von der Gedanken- und Gefühlswelt und (3.) von der Beziehung unseres Körpers zu Geist, Denken und Seele abzugrenzen.

Fast jedem, sowohl innerhalb als auch außerhalb des Leibes Christi, fehlte dieses Verständnis.

Um besser begreifen zu können, was man unter einem „schlummernden Geist" versteht, beginnen wir zunächst mit einigen grundlegenden Definitionen der Elemente, aus denen der Mensch besteht, nämlich:

- ♦ Geist
- ♦ Seele
- ♦ Gedanken (auch „Sinn")
- ♦ Körper

Der Geist des Menschen
Sowohl das hebräische als auch das griechische Wort für „Geist" bedeutet eigentlich „Luftbewegung" oder „Wind".

> *Der Geist Gottes bewegte sich über der Wasserfläche.* (1 Mose 1,2b; wörtl. a . d. Engl.)

Der Geist ist das Lebensprinzip oder die Energie allen Lebens. Ganz am Anfang hauchte Gott uns unseren menschlichen Geist ein:

> *Da bildete Gott, der Herr, den Menschen, aus Staub vom Erdboden und hauchte in seine Nase Atem des Lebens; so wurde der Mensch eine lebende Seele.* (1 Mose 2,7)

Jesus sagte zu Nikodemus:

> *Was aus dem Fleisch geboren ist, ist Fleisch, und was aus dem Geist geboren ist, ist Geist. Wundere dich nicht, daß ich dir sagte: Ihr müßt von neuem geboren werden. Der Wind weht, wo er will, und du hörst sein Sausen, aber du weißt nicht, woher er kommt und wohin er geht; so ist jeder, der aus dem Geist geboren ist.* (Joh 3,6-8)

In dieser Passage haben wir es mit einem Wortspiel zu tun: Das griechische Wort, das hier Verwendung findet, kann sowohl mit „Wind“ als auch mit „Geist“ übersetzt werden. In 1. Mose 1,27 lesen wir, daß der Mensch nach dem Bilde Gottes geschaffen, d. h. von seinem Wesen her wie Gott sei. Daraus schließen wir, daß der Mensch über Intelligenz, einen freien Willen und moralische Maßstäbe verfügt. Nach dem Bilde Gottes geschaffen worden zu sein weist aus christlicher Sicht auf die Möglichkeit hin, daß die Persönlichkeit des Menschen in die Persönlichkeit Christi umgestaltet werden kann.

> *Denn die er vorher erkannt hat, die hat er auch vorherbestimmt, dem Bilde seines Sohnes gleichförmig zu sein, damit er der Erstgeborene sei unter vielen Brüdern.* (Röm 8,29)

> *Wir alle aber schauen mit aufgedecktem Angesicht die Herrlichkeit des Herrn an und werden so verwandelt in dasselbe Bild von Herrlichkeit zu Herrlichkeit, wie es vom Herrn, dem Geist, geschieht.* (2 Kor 3,18)

Das neutestamentliche Denken mit seiner differenzierten Darstellung von Geist und Seele war weitaus komplexer als das hebräische Menschenbild. Paulus schrieb an Menschen, die sich mit griechischer Philosophie auskannten, und versuchte, deren dualistische Vorstellung von der Trennung von Geist und Körper zu bekämpfen (wobei dieser Auffassung zufolge der Geist gut, der Körper hingegen schlecht ist).

Das hebräische Denken kannte keine Aufsplitterung der Seele in Körper, Herz (Denken) und Geist. Die Seele war der Körper, und das Denken kam aus dem Herzen. Weisheit, Einsicht, Inspiration und Mut kamen von der Gegenwart des Geistes Gottes. Das hebräische Volk sah diese geistliche Natur des Menschen vor dem Hintergrund seiner Bündnisbeziehung mit Gott, der bei ihm sein würde, wenn es sich seinem Willen gehorsam erweisen würde.

Als Paulus der stärker philosophisch geprägten Kultur des ersten Jahrhunderts das Wesen des Menschen erläuterte, zeichnete er quasi das „Persönlichkeitsdreieck“ eines jeden Menschen:

- ♦ Denken (bestehend aus Wille und Vernunft)

- ♦ Fleisch (ein Begriff, der manchmal gleichbedeutend mit „Körper" verwendet wird, mit dem Paulus jedoch selbstsüchtiges Verlangen und körperliche Begierden meint). Wir bedienen uns häufig des Gesetzes, um unser „Fleisch" im Zaum zu halten

- ♦ Geist (die kostbare Lebensenergie, die uns von Gott eingehaucht wurde)

Paulus lehrte, diese Funktionen unseres Wesens wären untrennbar miteinander verbunden und kämpften aller Wahrscheinlichkeit nach so lange gegeneinander, bis unser Geist erneuert wird und wir in das Bild Christi verwandelt werden. Unsere selbstsüchtigen Begierden könnten allein durch die Kraft der Barmherzigkeit Gottes überwunden werden. Dann würden Denken und Fleisch in Übereinstimmung mit dem Willen Christi gebracht werden.

Paulus sagt, der Heilige Geist könne nur durch den Geist des Menschen in einer Person wohnen. Der Geist Gottes tröstet, schützt, inspiriert und stattet uns mit geistlichen Gaben aus, damit wir Gottes Versöhnungswerk in der Welt durchführen können. Unser menschlicher Geist lebt ewig. Der Heiligen Schrift zufolge wird er zu Gott zurückkehren, der Körper hingegen wieder zu Staub werden (vgl. Pred 12,7).

Das schönste Bild, das man sich vorstellen kann, ist Jesus, der durch seinen Heiligen Geist vor der Tür unseres Geistes steht und anklopft. Sind wir wach genug, um ihn zu hören, um uns zu freuen, um voll Dankbarkeit die Tür zu öffnen und mit ihm zu gehen? Oder schlafen wir und sind uns dessen nicht bewußt, daß er ein herrliches Leben für uns vorbereitet hat?

Die Seele des Menschen

In 1. Mose 2,7 wird geschildert, wie Gott dem Menschen den Atem des Lebens (den Geist) einhaucht und er dadurch zu einem lebendigen Wesen (oder einer lebendigen Seele) wird. In der Schrift werden die Worte „Geist" und „Seele" oft gleichbedeutend verwendet und bezeichnen jeweils das Lebensprinzip oder die Lebenskraft. Ein Hebräer würde von sich selbst nicht sagen, er habe einen Körper; vielmehr würde er davon sprechen, daß er eine Seele sei (ein belebtes, fleischgewordenes, psychophysisches Wesen).

Der Begriff „Geist" bezeichnete meist die im Menschen wirksame Lebenskraft. Außergewöhnliche Energie, herausragende Fähigkeiten oder eine besondere Inspiration wurden in der Regel der Gegenwart des Geistes Gottes im Menschen zugeschrieben. Andererseits bediente man sich meistens des Begriffs „Seele", um Verlangen, Bedürfnisse oder emotionale Erfahrungen zu umschreiben: Die Seele hungert und dürstet. Die Seele ist zufrieden oder verspürt Freude, Trübsal, Hoffnung oder Verzweiflung.

Als Christen können wir die Seele ganz allgemein als jenes Gefüge aus Herz, Denken, Charakter und Persönlichkeit definieren, das wir selbst „aufbauen". Indem unser Geist dem Leben begegnet, darauf reagiert und Verarbeitungsmechanismen entwickelt, „bauen" wir an der Seele. Die Seele ist der Ausdruck unserer Persönlichkeit, mit der wir uns im Leben zurechtfinden. Manchmal ist sie ein Tempel, durch den sich unser Geist auf wunderbare Weise offenbaren und manifestieren kann; ein andermal ist sie ein selbstgewähltes Gefängnis aus Haß, Verzweiflung, Groll oder Wollust; dann kann sie auch ein Kampfpanzer sein, in dem wir Schutz suchen, während wir aggressiv auf Außenstehende losgehen, die wir für eine Bedrohung halten.

Die Gedanken bzw. der Sinn des Menschen

Der Sinn ist unser Intellekt, die Instanz, mit der wir Entscheidungen treffen, unser vernünftig denkendes und logisches Ich, das konkrete Handlungen bestimmt. In der alten hebräischen Denkweise glaubte man, der Intellekt befinde sich im Herzen. Dieses „denkende Herz" (der Intellekt) war eher praxisorientiert als spekulativ. Die Gedanken bewirkten Taten. Das Denken war nicht dafür da, um auf dem Terrain logischer Dialektik Schlachten zu führen, wie es zur Zeit des Neuen Testaments der Fall war und heutzutage noch viel mehr üblich ist.

Die neutestamentliche Terminologie identifiziert den Sinn als die Fähigkeit zum vernünftigen Denken, oft im Spannungsfeld mit den Gefühlen oder dem Fleisch. Der Sinn kann falsch urteilen oder törichte Entscheidungen treffen; dennoch ist er fähig, durch Umgestaltung eine harmonische Gemeinschaft mit dem von Gott geleiteten menschlichen Geist einzugehen.

Viele Vordenker der „New Age“ Bewegung verleihen dem Intellekt einen gottgleichen Status: Sie sprechen vom „Universellen Denken“ und meinen damit die göttliche Kraft schlechthin, die uns alle in einem mystischen und synergistischen Schicksal vereint. Im Gegensatz dazu bezeugen die neutestamentlichen Offenbarungen in den Schriften des Paulus einen allmächtigen und personifizierten Gott, der seine Schöpfung voll und ganz unter Kontrolle hat. Gott ist der liebende Schöpfer und Vater, der alles dafür getan hat, daß der Mensch in eine Liebesbeziehung mit ihm eintreten kann.

Unser Sinn ist das gottgegebene Geschenk der Intelligenz und des freien Willens; ob wir es vergeuden oder investieren liegt ganz bei uns. Der Sinn ist eine wesentliche Komponente unserer Existenz. Er kann, zusammen mit Körper, Seele und Geist in Einklang mit Gottes Willen gebracht werden.

Der Körper des Menschen

Auf den ersten Blick scheint es unsinnig, eine Definition des menschlichen Körpers zu geben, da uns unser eigenes Fleisch und Blut hinreichend vertraut sein dürfte. Doch gerade aufgrund dieser Vertrautheit haben wir vielleicht eine allzu simple Erklärung dessen parat, was unser Körper eigentlich ist. Die wissenschaftliche Welt ist sich praktisch einig darüber, daß wir mit unserem Verständnis der Geheimnisse der Funktionsweise unseres menschlichen Körpers noch ganz am Anfang stehen. Vom physikalischen Standpunkt aus betrachtet ist der Körper eine unglaubliche Maschine. Aber er ist eben unendlich mehr als nur Physik und Chemie. Das Ineinandergreifen von Körper und Geist kann mit Laborversuchen nicht demonstriert und nachgewiesen werden.

Wenn wir unseren Körper durch zu viel Arbeit, Streß, Übermüdung, falsche Ernährung, Rauschmittel und mangelnde Hygiene mißbrauchen, bekommen wir nicht nur rein körperliche Konsequenzen zu spüren. Wenn wir sein Potential ausreizen, hat das Auswirkungen auf unsere gesamte Existenz: Wir können keinen klaren Gedanken mehr fassen; unser Urteilsvermögen wird beeinträchtigt; wir unterliegen wechselhaften Stimmungen; wir werden depressiv; unser geistliches Leben gerät ins Wanken.

Wir sind tatsächlich, so wie es schon die alten Hebräer sahen, eine untrennbare Einheit von Geist, Seele, Sinn und Körper. Sobald wir diese Einheit besser verstehen, begreifen wir auch mehr, was die Heilige Schrift meint, wenn sie sagt, unser Körper sei ein heiliger Tempel.

Der Geist des Menschen und der Heilige Geist

Wir wurden schon öfters gefragt, in welcher Beziehung der Geist des Menschen und der Heilige Geist zueinander stehen. Führt eine Erfüllung mit dem Heiligen Geist automatisch dazu, daß unser Geist aufwacht?

Man bekommt eine recht einsichtige Antwort auf diese Frage, wenn man zunächst ein wenig ausholt und folgende Begriffe definiert, die unter Christen häufig gebraucht aber dennoch oft falsch verstanden werden:

- ♦ Evangelikal
- ♦ Charismatisch
- ♦ Pfingstler
- ♦ Geistesgaben
- ♦ Früchte des Geistes
- ♦ Zungenrede und Auslegung

Natürlich könnte man über jeden einzelnen Begriff ein ganzes Buch schreiben, und wer sich eingehend mit diesen Themen befassen möchte, findet Studienmaterial in Hülle und Fülle. Wir möchten hier auf diese Begriffe eingehen, um zu veranschaulichen, wie der Heilige Geist im Leben des einzelnen Christen wirkt, wie verschiedene christliche Strömungen die Rolle des Heiligen Geistes definieren und welche Rückschlüsse auf die Frage nach dem „wachen Geist“ möglich sind.

Evangelikal
Evangelikale Christen kennen die Wiedergeburt, haben sie selbst erfahren, also Jesus als Herrn und Heiland angenommen und geben dies in ihrer Lehre weiter.

Charismatisch
Als „Charismatiker" bezeichnet man alle, die diese Wiedergeburt in Jesus Christus kennen und erfahren haben, die jedoch auch wissen, was es heißt, wenn der Heilige Geist in ihnen freigesetzt wird, d. h. wenn geistliche Gaben bewußt als Werkzeuge zum Dienst eingesetzt werden.

Die theologische Sicht der Präsenz des Heiligen Geistes hat sich in den letzten Jahren verändert. Früher meinte man, der Geist Gottes wohne noch nicht in einem Christen, wenn dieser nicht „mit dem Heiligen Geist erfüllt" sei (bzw. Geistesgaben ausübe). Wir dürfen dabei jedoch nicht vergessen, daß unser Gott dreieinig ist und diese drei Persönlichkeiten nicht voneinander getrennt werden können. Es ist nicht möglich, daß Gott und Jesus im Rahmen einer Wiedergeburtserfahrung ins Leben eines Menschen kommen und der Heilige Geist daran keinerlei Anteil hat.

Heute begreifen wir, daß die Taufe mit dem Heiligen Geist eine weitere Freisetzung des Heiligen Geistes darstellt, der bereits in einem Christen präsent ist, was zur Folge hat, daß der Geist vollmächtig in der betreffenden Person wirken kann. Ein Charismatiker versteht, was Geistesgaben sind, und setzt sie in seinem Leben ein. Die Geistesgaben dienen einerseits dazu, den einzelnen Gläubigen für den Dienst zuzurüsten, andererseits zur Erbauung des Leibes Christi.

Pfingstler
Der Begriff „Pfingstler" bezieht sich auf jene alteingesessenen Charismatiker, die als erste in die „Fülle des Geistes" eintraten. Ganz allgemein sind damit Leute gemeint, die eher gefühlsbetont sind und unter Umständen die Lehre vertreten, daß man den Heiligen Geist nicht „hat", wenn man nicht in Zungen redet. Pfingstler neigen zu der Vorstellung, der Heilige Geist wirke an einer Person, um sie zu Handlungen zu bewegen, die sie normalerweise nicht tun würde.

Allzu oft ist es so, daß alteingesessene Pfingstler nur ein einziges Mal in ihrem Leben in Zungen reden. Sie vertreten eher die Anschauung, die Zungenrede sei etwas, das einen Christen überkommt, und haben nicht wirklich verstanden, daß jemand, der die Gabe der Zungenrede hat, in Zungen reden kann, wann immer er will.

> *Wenn nun jemand in einer Sprache redet, so sei es zu zweien oder höchstens zu dritt und nacheinander, und einer lege aus.* (1 Kor 14,27)

Die Charismatiker hingegen gehen von einer „Verkörperung" aus, d. h. daß der Heilige Geist in und durch unser natürliches Ich wirkt. Im Idealfall begreift ein charismatischer Christ, daß wir unsere Gaben in irdischen Gefäßen aufbewahren und dafür verantwortlich sind, wie diese Gaben ausgeübt werden.

Geistesgaben

Mit „Geistesgaben" meint man die besondere Kraft, die Gott durch den Heiligen Geist jedem einzelnen verleiht, um ihn auf spezielle Weise zuzurüsten; dadurch soll er in die Lage versetzt werden, Gottes Werke im täglichen Leben zu tun, was unmittelbar der Auferbauung der Gemeinde dient.

Es gibt keine Stelle im Neuen Testament, in der alle Geistesgaben ausdrücklich aufgelistet werden; man kann sie jedoch dem Textzusammenhang etlicher Paulusbriefe entnehmen. Je nachdem, wie man Paulus' Verständnis ihrer Anwendung interpretiert, wären folgende Geistesgaben zu nennen:

♦ **Aposteldienst**: Ein Apostel macht aus einem missionarischen Anliegen heraus die Botschaft einem bestimmten Kulturkreis verständlich, um Gemeinden zu gründen und zur christlichen Nachfolge im großen Stil anzureizen. *(1 Kor 12,28)*

♦ **Weisheit**: Göttliche Einsicht, wie biblische Prinzipien in schwierigen Lebensfragen anzuwenden sind. *(1 Kor 12,8)*

♦ **Erkenntnis**: Die Fähigkeit, durch Bibelstudium und Recherche wichtige Prinzipien des Wortes Gottes transparent zu machen, sowie die Fähigkeit, Dinge einzig und allein aufgrund geistlicher Offenbarung zu wissen. *(1 Kor 12,8)*

♦ **Glaube**: Die Fähigkeit, Gottes Absichten zu erkennen und darauf zu vertrauen, daß er in seiner Weisheit und Kraft das Unmögliche vollbringen wird. *(1 Kor 12,9)*

♦ **Heilung und Wunder**: Die Fähigkeit, sich als Werkzeug der Kraft Gottes zur Verfügung zu stellen, um geistliche und körperliche Heilung sowie andere Wunder zu wirken. *(1 Kor 12,9-10)*

♦ **Prophetie**: Die Fähigkeit, Gottes Wort zu verstehen und mit Vollmacht, Überzeugung und Klarheit weiterzugeben. *(1 Kor 12,10)*

♦ **Geisterunterscheidung**: Die Fähigkeit, Wahrheit von Irrtum zu unterscheiden und zu wissen, ob eine Lehre von Gott, von Menschen oder von Satan stammt; überdies die Fähigkeit zu erkennen, ob Dämonen in einem Menschen wohnen bzw. ihn beeinflussen. *(1 Kor 12,10)*

♦ **Zungenrede**: Die Fähigkeit, Gott im Geiste zu loben oder – von Geist zu Geist – Botschaften von Gott zu empfangen. *(1 Kor 12,10)*

♦ **Auslegung der Zungenrede**: Die Fähigkeit, eine Botschaft von Gott, die von einem Zungenredner übermittelt wird, in einer bekannten Sprache auszulegen. *(1 Kor 12,10)*

♦ **Lehre**: Die ungewöhnliche Fähigkeit, Gottes Wahrheit so zu begreifen und weiterzugeben, daß andere sie problemlos verstehen. *(1 Kor 12,28; Röm 12,7)*

♦ **Dienen bzw. Hilfeleistung**: Die Gabe, Nöte zu erkennen und ihnen Abhilfe zu schaffen, indem man freudig und effektiv etwas von sich selbst gibt. *(1 Kor 12,28; Röm 12,7; 1 Petr 4,10-11)*

♦ **Verwaltung**: Die Fähigkeit, Gruppen von Menschen und Ressourcen effektiv zu organisieren, um damit konkrete Ziele Gottes zu erreichen. *(1 Kor 12,28)*

♦ **Evangelisation**: Das Verlangen und die Fähigkeit, anderen Menschen auf wirksame Weise das Evangelium zu vermitteln und sie zum rettenden Glauben an Jesus Christus zu führen. *(Eph 4,11: Apg 21,8)*

♦ **Ermahnung**: Die Gabe, andere Menschen seelsorgerlich zu betreuen und zu ermutigen, damit sie das Maximum dessen erreichen, was Gott für sie haben möchte. *(Röm 12,8)*

♦ **Leiterschaft**: Die Fähigkeit, klar zu erkennen, was getan werden muß, um die Werke Gottes auszuführen und andere zur Mitarbeit an dieser Aufgabe zu inspirieren. *(Röm 12,8)*

♦ **Hirtenschaft**: Die pastorale Gabe, eine Gruppe von Gläubigen zu leiten, zu fördern, zu stärken, zu trösten und zu beschützen. *(Eph 4,11; 1 Petr 5,1-3)*

♦ **Barmherzigkeit**: Fröhlicher Dienst an jenen, die krank oder verletzt sind oder sich in einer Krise befinden. *(Röm 12,8)*

♦ **Gastfreundschaft**: Das Verlangen und das Talent, andere auf liebenswürdige Weise bei sich zu Hause zu bewirten, Gemeinschaft mit ihnen zu pflegen und ihnen eine Unterkunft zu geben. *(1 Petr 4,9)*

♦ **Geben bzw. Mildtätigkeit**: Begeistert und großzügig zum Werk des Herrn beitragen. *(Röm 12,8)*

♦ **Musik**: Die Fähigkeit, Gottes Liebe sowie das eigene persönliche Zeugnis durch Musik weiterzugeben. *(1 Kor 14,15.26)*

Viele evangelikale Christen sind der irrigen Meinung, charismatisch zu sein heiße automatisch in Zungen zu reden, oder, anders formuliert, wer nicht in Zungen redet, sei kein Charismatiker. Doch das stimmt nicht. Wenn Sie die Geistesgaben in Ihrem Innersten erkennen und einsetzen – gleichgültig, um welche es sich handelt –, dann sind Sie wahrhaft geisterfüllt und zu den Charismatikern zu zählen.

Jemand, der mehrere Geistesgaben praktiziert, ist nicht notwendigerweise geistlicher oder christlicher als jemand, der nur eine Gabe einsetzt. In 1.Korinther 12 und 13 legt Paulus größten Wert darauf, daß dies verstanden wird. Stolz hat bei jenen, die die Gaben des Heiligen Geistes ausüben, nichts zu suchen. Die Gaben des einzelnen sind lediglich Werkzeuge für den Dienst, und alle Gaben sind erforderlich, damit der Leib Christi funktionstüchtig wird, so wie der menschliche Körper alle Glieder braucht, um funktionieren zu können. Die Zungenrede sollte nie zum Entscheidungskriterium werden, wie geistlich ein Christ ist oder ob jemand wirklich geisterfüllt ist oder nicht.

Früchte des Geistes

Die „Früchte des Geistes“ sind Herzenshaltungen und Taten, die die Präsenz des Heiligen Geistes im Leben eines Christen bewirkt. Paulus spricht in Galater 5,22-23 von:

♦ Liebe

♦ Freude

♦ Friede

♦ Langmut

♦ Freundlichkeit

♦ Güte

- Treue
- Sanftmut
- Enthaltsamkeit bzw. Selbstbeherrschung

Zur Unterscheidung von Gaben und Früchten des Geistes ist zu sagen, daß die *Gaben* mit den Aufgaben zusammenhängen, die im Dienst für den Herrn ausgeführt werden, während die *Früchte* die liebevolle Herzenshaltung und das ethische Handeln eines Dieners Christi widerspiegeln. Übt jemand dramatische Geistesgaben aus, halten wir ihn schnell für einen „echten Christen". Doch wahres Christentum zeigt sich an den Früchten des Geistes: ein Vater, der seine Kinder liebevoll in den Arm nimmt; eine Mutter, die voll Freude und Geduld etwas von sich hergibt und andere damit auferbaut; jemand, der einem Freund in Schwierigkeiten beisteht und ihn freundlich und liebevoll annimmt, so wie er ist, oder jemand, der eine Versuchung meistert.

Zungenrede

Die „Zungenrede" ist eine Art und Weise, Gott sprechend und/oder singend im Geist zu preisen. Es handelt sich dabei um ein hingebungsvolles Gebet an den Herrn, das den Filter unseres Denkens umgeht.

Wer die Gabe des „Zungensingens" einsetzt, wird vom Heiligen Geist befähigt, mit dem eigenen Geist dem Heiligen Geist zuzusingen, um Lobpreis zu bringen und selbst erquickt zu werden. Diese Form der Zungenrede ist eine Sache zwischen dem einzelnen Christen und Gott und bedarf keiner Auslegung. Der entscheidende Wert für die Zurüstung zum Dienst liegt in der geistlichen Erfrischung für denjenigen, der sich ganz der reinen Anbetung von Geist zu Geist hingibt.

Auslegung der Zungenrede

Eine Auslegung ist nur dann notwendig, wenn die Kommunikationsrichtung umgedreht wird und Gott dem Leib Christi durch einen Zungenredner eine Botschaft übermittelt. In diesem Fall ist jemand erforderlich, der den Zuhörern „übersetzt", was Gott sagt: Jemand, der die Gabe der Auslegung hat, gibt die Botschaft

Gottes in einer verständlichen Sprache weiter, damit die Gemeinde sie höre und auferbaut werde.

Kann ein Charismatiker, der seine Geistesgaben praktiziert, einen schlummernden Geist haben? Würde nicht die Freisetzung der Kraft des Heiligen Geistes im Leben eines solchen Menschen dessen Geist unweigerlich aufwecken?

Nicht notwendigerweise! Es ist fast nie der Fall, daß der Heilige Geist allein den Geist eines Menschen weckt. Der Grund ist unserer Meinung nach darin zu suchen, daß unser Glaube „Fleisch geworden" ist und Jesus möchte, daß die Gemeinde an diesem Unterfangen teilnimmt. Jesus möchte, daß wir einander von Mensch zu Mensch durch gegenseitige Liebe zum Leben führen.

❦ **Herr**, ich möchte ganz aufwachen und befreit werden, um durch deine Kraft in dein herrliches Abbild verwandelt zu werden. Ich sehne mich nach einer erfüllten und befriedigenden Beziehung mit dir und nach der Verwirklichung dessen, wozu du mich geschaffen hast.

Herr, schenk' mir durch deine Gnade die Fähigkeit, jenen zu vergeben, die nicht in der Lage waren, mich durch Fürsorge und Zuwendung zum Leben zu führen. Vergib' mir alle Augenblicke, in denen ich vor einer innigen Gemeinschaft floh und Bitterkeit und negative Erwartungshaltungen in meinem Herzen hegte. Vergib' mir, daß ich versucht habe, mir Liebe und Annahme zu erarbeiten, und dabei nicht bereit oder fähig war, mein Herz anderen gegenüber offen zu halten.

Mach' mein steinernes Herz weich, Herr. Erfülle mich mit Leben und stärke meinen Geist, damit ich auch weiterhin das Risiko eingehen kann, mich für das Leben zu entscheiden. Schenk' mir die Fähigkeit, mich für die Leute verletzbar zu machen, durch die du meinen Sinn, meine Seele und meinen Geist nähren möchtest.

Reiß' mich heraus aus dem Schlummer und gib' mir Kraft, damit ich anderen Leben und Freude bringen kann.

❦

Praktische Anwendung: Geistliche Schlafwandler

1. Geben Sie in eigenen Worten eine kurze schriftliche Definition folgender Begriffe:

♦ Geist (des Menschen)

♦ Seele

♦ Gedanken (oder „Sinn“)

♦ Körper

Damit sich Ihr Verständnis dieser Begriffe festigt, raten wir Ihnen, jeden einzelnen einem Freund oder den Mitgliedern Ihrer Kleingruppe zu erklären. Sprechen Sie über Ihre Definitionen und gehen Sie auf Fragen ein, vermeiden Sie es jedoch, über unterschiedliche Begriffsauffassungen zu streiten.

2. Was ist ein evangelikaler Christ? Was muß im Leben eines evangelikalen Christen geschehen, damit er „charismatisch“ wird?

3. Was ist eine Geistesgabe? Welchem Zweck dienen Geistesgaben?

4. Gehen Sie noch einmal die Liste der Geistesgaben auf den Seiten 28-31 durch. Welche von ihnen finden Sie in Ihrem eigenen Leben wieder? Bitten Sie andere, Ihnen zu sagen, welche Gaben Ihnen ihrer Meinung nach gegeben wurden.

5. Erläutern Sie schriftlich und in eigenen Worten, was mit „Früchten des Geistes“ gemeint ist.

6. Erklären Sie, wie es möglich ist, daß jemand mit dem Heiligen Geist erfüllt ist und Geistesgaben ausübt, aber dennoch keine Früchte des Geistes hat. Geben Sie, wenn möglich, ein Beispiel aus Ihrem eigenen Leben, das Ihnen Sorgen macht.

7. Lernen Sie die neun Früchte des Geistes, die in Galater 5,22-23 aufgezählt werden, auswendig. Schreiben Sie für jede Frucht nieder, wie Sie sie in Ihren Beziehungen zu anderen Menschen demonstrieren möchten. Diese Liste soll täglich Ihr Bewußtsein dafür schärfen, wie Ihr christlicher Glaube in Ihren Herzenshaltungen und Ihrem Verhalten entscheidende Veränderungen bewirken kann.

♦ Liebe

♦ Freude

♦ Friede

♦ Langmut

♦ Freundlichkeit

♦ Güte

♦ Treue

♦ Sanftmut

♦ Enthaltsamkeit bzw. Selbstbeherrschung

Kapitel 2

Der schlummernde Geist und seine Ursachen

Wie kommt es überhaupt dazu, daß jemand geistlich einschläft? Als wir diese Frage im Gebet vor den Herrn brachten, offenbarte er uns, der schlummernde Geist sei darauf zurückzuführen, daß die betreffende Person noch nicht wirklich Mensch geworden ist.

Um dies zu begreifen, müssen wir zunächst, ausgehend vom christlichen Standpunkt, definieren, was es heißt, Mensch bzw. menschlich zu sein. Von der Anthropologie, der Soziologie, der Psychologie und der Philosophie kennen wir die unterschiedlichsten Definitionen des „menschlichen Wesens". Doch Gott gibt eine Definition, die sich von den anderen grundlegend unterscheidet.

Mensch zu sein heißt im wesentlichen, einen wachen, menschlichen Geist zu haben, durch den man sich mit anderen Menschen identifiziert, sich in sie hineinversetzt, mit ihnen eins wird und ihr Wesen schätzt und liebt, ja sogar mehr als das eigene Leben.

> *Größere Liebe hat niemand als die, daß er sein Leben hingibt für seine Freunde.* (Joh 15,13)

> *Ein jeder sehe nicht auf das Seine, sondern ein jeder auch auf das der anderen.* (Phil 2,4)

Man könnte wahres Menschsein noch viel kürzer und zwar mit einem Wort definieren – **Jesus**. Jesus ist der einzige wahrhaft menschliche Mensch. Gott möchte, daß wir noch menschlicher als Jesus werden. Wir sollen *menschlicher*, nicht weniger menschlich werden.

Verstehen, was es heißt, Mensch zu sein

Meistens gebrauchen wir die Worte „Mensch“ oder „menschlich“ völlig falsch. Wir sagen: „Oh, das war meine Schuld. Ich bin eben auch nur ein Mensch.“ So eine Formulierung stellt den Sachverhalt auf den Kopf. Wenn wir anderen weh tun, uns unehrenhaft oder unmoralisch verhalten, dann eben deshalb, weil wir noch nicht zu einem echten Menschen herangereift sind.

Führen Sie sich doch einmal das Wort „unmenschlich“ vor Augen. Es taucht in unserer Sprache recht häufig auf, aber wir haben seinen Sinn nicht wirklich begriffen. Was heißt „unmenschlich“? Wir sagen, jemand sei unmenschlich, wenn er eine schreckliche Sünde begeht. Wer unmenschlich ist, handelt nicht „wie ein Mensch“. Wenn das stimmt, warum sagen wir dann: „Ich habe mich dieser Sünde schuldig gemacht, da ich auch nur ein Mensch bin“? **Falsch!** Völlig verkehrt! Wer sündhaft handelt, zeigt damit, daß er eben noch nicht wirklich Mensch geworden ist.

Wir sprechen hier nicht über den sogenannten „Humanismus“. Der Humanismus verherrlicht die Stellung des Menschen und erhebt ihn zum Mittelpunkt des Universums. Der Humanismus ist Satans Kopie des Planes Gottes, der Männer und Frauen durch seine rettende Gnade dem Wesen Jesu Christi gleichgestalten möchte. Das Ziel *echten Menschseins* ist, Jesus ähnlicher zu werden. Er wurde von unserem himmlischen Vater auf die Erde geschickt, um uns zu zeigen, was es heißt, wirklich Mensch zu sein.

Unser Glaube ist ein „fleischgewordener“ Glaube. Die Schrift sagt ja: „Und das Wort wurde Fleisch ...“ (Joh 1,14). Das Wort wohnte nicht nur vorübergehend im Fleisch, *es wurde Fleisch.* Es ist nicht so, daß der Geist in unserem Körper wie Wasser in einem Glas herumschwappt und eines Tages wieder in den Himmel zurückkehrt. Jeder von uns ist eine Einheit; Geist und Körper fließen ineinander. Durch den Geist (die Lebenskraft), der uns von Gott eingehaucht wurde, sollen wir menschliche Wesen werden.

Der Mensch ist die einzige Art, die sich nur dann ihrer Art entsprechend entwickelt, wenn sie von Artgenossen großgezogen wird. Man kann eine Kuh gemeinsam mit Pferden großziehen, und sie wird sich dennoch nicht durcheinanderbringen lassen oder anfangen zu wiehern; sie wird nach wie vor Milch geben und muhen. Man kann einen Hund gemeinsam mit Katzen großziehen, doch das wird ihn nicht verwirren; er wird immer noch bellen und das Bein heben. Ein Fisch schlüpft aus und braucht weder Vater noch Mutter, ja vor seinem Vater muß er sogar oft fliehen, um nicht gefressen zu werden.

Doch die Art Mensch wird nicht allein durch ihre Geburt menschlich. Wir werden nicht durch unsere bloße Existenz zu wahren Menschen. Wir brauchen menschliche Wärme, Nähe und Erziehung, um Menschen zu werden. Der Mensch ist viel länger als alle anderen Arten von seinen Eltern abhängig. Der Mensch ist nicht aus Zufall, sondern aus Notwendigkeit ein Gemeinschaftswesen.

Liebe ist notwendig

Um in unser Menschsein hineinwachsen zu können, brauchen wir bestimmte Rahmenbedingungen. Die erste Voraussetzung ist Liebe. Wir werden erst dann zu wahren menschlichen Wesen, wenn wir als Babys, als Kleinkinder, als Heranwachsende, als Teenager und als Erwachsene liebevollen Körperkontakt spüren. Wenn wir nicht kontinuierlich die körperliche Nähe anderer Menschen spüren, voller Liebe und Zuneigung und ohne Hintergedanken, ist es uns nicht möglich, unser Menschsein zu bewahren.

Eine Berührung schenkt Leben und gibt Kraft. Eine Berührung vermittelt Geborgenheit und Gewißheit. Eine Berührung ist ein Spiegel der Begegnung von Geist zu Geist, die von entscheidender Bedeutung für uns ist. Sobald man jemanden in den Arm nimmt, hilft man ihm, in der rechten Art und Weise sein wahres Menschsein zu entwickeln.

Und nun zum springenden Punkt, zur Essenz dieser Lektion, die viele Menschen in der Welt noch begreifen müssen: Es ist außerordentlich schwierig, ein menschliches Wesen mit einem hellwachen Geist zu werden, ohne innerhalb einer Familie Zuwendung und Förderung zu bekommen, sei es von Eltern, Großeltern, Geschwistern oder anderen Verwandten. Die Väter spielen in diesem Prozeß eine tragende Rolle. Inwieweit der Geist von Kleinkindern und Kindern aufwacht, liegt vor allem an ihrem Engagement. Damit möchten wir die Bedeutung der Mutter nicht schmälern oder die Tragweite der Liebe, Fürsorge und Unterstützung, die sie dem Kind gibt, unterschätzen. Dennoch wurden die Väter dazu geschaffen, einen besonderen Part zu übernehmen. Es ist ihre Aufgabe, die Entwicklung ihrer Kinder zu begleiten und sie als Menschen mit intaktem Geist in das Leben hineinzuführen.

> *Und ihr Väter, reizt eure Kinder nicht zum Zorn, sondern erzieht sie in der Förderung und Ermahnung des Herrn.* (Eph 6,4; wörtl. a. d. Engl.)

Wenn ein Baby empfangen wird, muß es neben dem Geist der Mutter den des Vaters spüren. Schon im Mutterleib braucht es die Gegenwart des Vaters. Ein Neugeborenes muß spüren, wie der Vater es im Arm hält, es in der Nacht tröstet, es aufstoßen läßt, ihm die Windeln wechselt und es in den Schlaf singt. Diese Funktionen des Vaters sind wichtig. Der Mutterleib ist dem Neugeborenen ja vertraut. Doch außerhalb dieser gewohnten Umgebung erfährt das Baby zum ersten Mal in seinem Leben, was es heißt, einer anderen Person von Geist zu Geist zu begegnen. Die Zuwendung und der Zuspruch des Vaters fördern die Entwicklung des Kindes und machen es lebenstüchtig.

Im Idealfall ist der Vater die erste primäre Bezugsperson des Kindes außerhalb des Mutterleibs, von der es über liebevollen Körperkontakt Nahrung bekommt. Diese Art der Stärkung unterscheidet sich von der der Mutter. Der Geist des Babys streckt sich nach dem Vater aus und wird von dessen Geist genährt. Das Kind wird dem Vater zum Segen; er gibt diesen Segen durch seine liebevolle Anwesenheit und körperliche Nähe zurück. Das Baby lernt mit seinem Geist, wie man einer anderen Person als der Mutter begegnet. Die Bedeutung dieses Lernprozesses kann man nicht genug betonen.

Hören Sie auf die Worte der Bibel. Der Prophet Maleachi beschreibt den großen Tag, an dem der allmächtige Herr kommt und alle Völker auf die Gesetze Gottes reagieren oder die Konsequenzen tragen müssen:

Siehe, ich sende euch den Propheten Elia, bevor der Tag des Herrn kommt, der große und furchtbare. Und er wird das Herz der Väter zu den Söhnen und das Herz der Söhne zu ihren Vätern umkehren lassen, damit ich nicht komme und das Land mit dem Bann schlage. (Mal 3,23-24)

Die Kultur der Hebräer im Alten Testament war eine patriarchalische Stammesgesellschaft, in der der Vater das unumstrittene Oberhaupt der Familie war. Es war allen klar, was diese Rolle umfaßte und was man von ihr erwartete. Maleachi hätte ja auch sagen können, die Herzen der Eltern sollten sich zu den Kindern umkehren und die Kinder zu ihren Eltern. Oder die Familien sollten wirklich Familie leben und die einzelnen Mitglieder sich umeinander kümmern und einander fördern und nähren.

Doch die Botschaft richtet sich ganz klar an die Väter: Man erwartet von ihnen, daß sie, was Zuspruch, Kräftigung und Förderung innerhalb der Familie betrifft, die Führungsrolle übernehmen. Gott möchte, daß in erster Linie die Väter den Geist ihrer Kinder zur Lebenstüchtigkeit unterweisen.

Disziplin ist notwendig

Der Vater ist auch verantwortlich dafür, daß die Kinder ermahnt und diszipliniert werden. Väter sollten ihren Kindern beibringen, wie und in welchem Maße sie mit ihrem Geist mit anderen Menschen in Beziehung treten. Väter sollten ihre Aufgabe, wenn nötig streng und bestimmt zu sein, sehr ernst nehmen und dann zum Kind sagen: „Bis hierher und nicht weiter. Ich lasse nicht zu, daß du Amok läufst."

Haftet Narrheit am Herzen des Knaben, die Rute der Zucht entfernt sie davon. (Spr 22,15)

Eine starke, umsichtige und liebevolle Leitung des Vaters kann eine Familienatmosphäre schaffen, in der Autorität respektiert wird, Grenzen akzeptiert werden, die Kommunikation störungsfrei bleibt und Eltern zusammenarbeiten können, um dem Kind die Zucht zu geben, die es braucht, damit sein Geist wachsen und gedeihen kann. Wenn der Vater diese wichtige

Führungsrolle nicht übernimmt und sich nicht persönlich engagiert, wird der Geist des Kindes teilweise verkümmern und einschlafen. Dadurch wird das emotionale und geistliche Wachstum des Kindes unweigerlich gehemmt.

Ein starker Familienverband ist notwendig

Betrachten wir das, was derzeit in unserer Nation geschieht, vor dem Hintergrund der Geschichte und der Gesellschaftsentwicklung. In Maleachi 3,23-24 spricht der Prophet davon, wie notwendig es sei, daß sich die Herzen der Väter wieder den Söhnen und die Herzen der Söhne wieder den Vätern zuwendeten; falls dies unterbliebe, würde der Herr das Land „mit dem Bann" schlagen.

Wir erleben schon jetzt die Auswirkungen dieses Banns oder Fluchs. Wir bekommen die Konsequenzen dessen zu spüren, daß der Ermahnung Gottes, die Väter sollten in rechter Weise ihre Familie führen und die Familienangehörigen sollten sich einander zuwenden, um sich gegenseitig am Geist zu stärken und zu fördern, keine Beachtung geschenkt wurde.

Vor dem Ersten Weltkrieg war die Kleinstfamilie (Vater, Mutter, Kinder) noch nicht vom Rest der Familie isoliert. Die meisten Leute wohnten zusammen mit Großeltern, Tanten, Onkel und Cousins in einer Großfamilie. Die Gesellschaft war weniger mobil. Man lebte länger in der Nähe der Leute, mit denen man aufgewachsen war, verbrachte mehr Zeit miteinander und kannte einander viel besser.

Die Menschen waren damals viel herzlicher, was sich sogar in der Ausdrucksweise des einzelnen niederschlug. Haben Sie schon einmal Briefe aus dieser Zeit gelesen? Heutzutage hört sich so etwas fast schon kitschig an: „Oh meine Liebe, ohne dich geht die Sonne nicht mehr auf, seh' ich den Mond nicht mehr. Du bist mein Leben ..." Damals ging es rührselig, aber eben auch herzlich zu.

Während des Ersten Weltkriegs mußten die Väter an die Front und waren oft lange von zu Hause weg; aber es gab immer noch die Großfamilie, die für die kleinen Kinder die Rolle des fehlenden Vaters übernahm. Die Großväter und Onkel beschäftigten sich mit den Kindern, hielten sie im Arm und schenkten ihnen Zuwendung und Aufmerksamkeit. Das hatte zur Folge, daß mehr Menschen mit einem wachen Geist und einem geschärften, intakten Gewissen groß wurden. Es fiel ihnen leichter, Beziehungen aufrechtzuerhalten, und die Familien blieben meist zusammen.

Doch nach dem Krieg entwickelte sich die Mobilität der Gesellschaft. Durch die Massenproduktion preiswerter Automobile konnten sich immer mehr Menschen immer leichter fortbewegen. Die Familien konnten weiter reisen; die Mitglieder der Großfamilie lebten nun weiter auseinander als früher. Die wachsende Industrialisierung brachte mehr Menschen vom Land in die Stadt.

Durch den Zusammenbruch der Börse und die darauf folgende Weltwirtschaftskrise wurden viele Familien auseinandergerissen und man war gezwungen, noch mobiler zu werden. Hunderttausende von Menschen zogen in andere Landesteile, um dort eine bessere Arbeit zu finden.

Dann kam der Zweite Weltkrieg. Die Väter mußten wieder in den Krieg ziehen, die Mütter arbeiteten in Waffen- und Munitionsfabriken und die Kinder wuchsen im Hort oder bei Freunden auf. Es geschah häufig, daß Männer zwei oder drei Jahre lang weg waren und dann zu ihrem Kind nach Hause kamen, das sie gar nicht kannten. Einer ganzen Generation von Kleinkindern fehlte diese absolut wesentliche väterliche Zuwendung, die sie in den ersten Lebensjahren gebraucht hätte, um einen wirklich wachen Geist zu bekommen.

Danach folgte (auf die USA bezogen) der Koreakrieg und nicht viel später der Vietnamkrieg. Wiederum wurden hunderttausende von Männern von zu Hause und von ihren Kindern weggeholt.

Als die Soldaten aus all diesen Kriegen zurückkehrten, hatten sie oft so tiefe psychische Wunden und, was Bildung und Karriere betraf, so viel nachzuholen, daß sie in vielen Fällen lediglich ihre Frauen schwängerten und ab dann nur noch für ihre Weiterbildung und ihren Arbeitsplatz lebten. Die Kindererziehung blieb ausschließlich an den Müttern hängen; oft gingen die Mütter selbst zur Schule oder in die Arbeit, und Großeltern oder Tagesstätten übernahmen die Erziehung der Kinder.

So mußte erneut eine ganze Generation ohne enge Beziehung zu ihren Vätern und/oder anderen primären Bezugspersonen auskommen. Das hatte wiederum zur Folge, daß sie nicht die Förderung, Fürsorge und Zuwendung bekamen, die erforderlich gewesen wäre, um einen wachen Geist wach zu halten.

Die Spätfolgen schlagen sich heute in den Scheidungsraten nieder. Mehr als die Hälfte aller Ehen geht in die Brüche. Warum?

♦ Wenn der Geist schlummert, ist ein Mensch nicht in der Lage, aus der Tiefe seines Herzens mit anderen zu kommunizieren und sich dabei zu offenbaren.

♦ Wenn der Geist schlummert, kann man persönliche Beziehungen nicht lange aufrechterhalten.

♦ Wenn der Geist schlummert, funktioniert das Gewissen nicht und kann den Betroffenen folglich auch nicht vor Schwierigkeiten bewahren.

♦ Wenn der Geist schlummert, ist man nicht in der Lage, aus vergangenen Erfahrungen zu lernen und daraus für die Zukunft eine Lehre ziehen.

♦ Wenn der Geist schlummert, kann man keine enge Beziehung zu Gott aufbauen, die Wunden heilen würde.

Verstehen Sie die Zusammenhänge? Die Familien brechen auseinander, und Generationen von Menschen mit schlummerndem Geist ziehen ihrerseits Generationen groß, deren Geist auch wieder schlummert. Die Auswirkungen liegen wie ein Fluch über ganzen sozialen Gruppen: Menschen versuchen, ihr Leben zu meistern, ohne zu einer angemessenen Kommunikation fähig zu sein, ohne liebevolle, persönliche Beziehungen zueinander zu pflegen, ohne ein intaktes Gewissen zu haben und ohne ihre Mitmenschen und die Logik von Recht und Ordnung zu respektieren.

Marian Wright Edelman vertritt in ihrem preisgekrönten Buch *The Measure of Our Success* die Meinung, die größte Bedrohung für die Sicherheit und Zukunft unserer Nation komme nicht von äußeren, sondern von inneren Feinden, vor allem durch „... den Verlust starker, moralisch hochstehender Familienwerte und des Zusammenhalts der Gemeinschaft“.

Sie gibt zu, daß sie sich wie viele Eltern besorgt fragt, ob sie nicht zu viel Zeit und Energie darauf verwendet, ihren Kindern Möglichkeiten und „Dinge“ zu bieten, die sie selbst als Kind nicht hatte, und sie von Problemen und Herausforderungen fernzuhalten, denen sie sich selbst als Schwarze zunächst als Mädchen, später als Frau, stellen mußte. Sie hat den Eindruck, es sei außerordentlich wichtig, unverblümt von den positiven Erfahrungen zu berichten, die sie in ihrer Kindheit und Jugend machte: Familie, Gemeinschaft und ein geistliches Wertesystem, das dazu beitrug, sie gegen die Seuchen der Gleichgültigkeit, der Schwarzseherei, des Negativismus, der Selbstsucht und der Hoffnungslosigkeit immun zu machen.

Der Moralkodex und das Wertesystem unseres Landes werden deshalb so erschüttert, weil Moral und ethische Werte Teil der Nahrung und Lehre innerhalb einer Familie sein sollten, es jedoch in der Praxis nicht sind. Zum ersten Mal in der Geschichte unserer Nation kann man in vielen Orten keine Schulen mehr bauen, die nach außen nicht wie Gefängnisse aussehen. Schulen brauchen Zäune drumherum, Kontrollen am Eingang, Wachen an den Türen und Metalldetektoren. Auf diese Weise soll verhindert werden, daß die Schüler – zu ihrem eigenen Schutz – das Schulgelände nicht verlassen; andererseits will man Dealern, die die Schüler gewissenlos ausbeuten wollen, oder Vandalen, die ohne mit der Wimper zu zucken die Räumlichkeiten verwüsten würden, den Zutritt verwehren. Speziell ausgebildete Wachen müssen in den Gängen der Schulen Streife gehen, um Kämpfe zwischen Schülern zu verhindern oder die Waffen und Messer derer zu beschlagnahmen, die nur noch in Form von Drohungen und Gewalt mit anderen Menschen kommunizieren können. (Derzeitige Situation in den USA.)

Weil so viele Leute ihre Mitmenschen nicht mehr respektieren und wegen einer falschen Tat keine Gewissensbisse mehr bekommen, können sogar fröhliche Feste in gewalttätige Saufgelage ausarten. Dies geschah, nachdem das Basketballteam der Chicago Bulls zum dritten Mal hintereinander die Meisterschaft gewonnen hatte und nach dem Sieg der Dallas Cowboys beim Kampf um die American Football Super Bowl im Jahre 1993.

Fehlende Nahrung

Warum befinden wir uns in so einem Schlamassel? Weil breite Teile der Bevölkerung in ihren Familien keine Zuwendung und Förderung erhalten haben und nur wenig oder kein positiver geistlicher Einfluß auf sie ausgeübt wurde, am wenigsten von ihren Vätern. Das hat zur Folge, daß der Geist dieser Menschen effektiv tot ist.

Vor einigen Jahren sprachen wir in einer Episkopalgemeinde im Herzen von Brooklyn (New York). Wir wollten irgendwo in der Nähe zu Mittag essen, als uns der Pastor eindringlich warnte: Die Gegend um die Gemeinde sei sehr unsicher und wir sollten zu unserer eigenen Sicherheit nur in Gruppen gehen. Er sagte mit Nachdruck, wir sollten nachts *niemals* allein auf die Straße gehen. Falls wir doch einmal allein auf der Straße wären und eine Gruppe Jugendlicher auf uns zukäme, sollten wir nicht nur weggehen, sondern weglaufen, um nicht in Gefahr zu kommen. Wenn nicht, würden diese Leute uns niederschlagen, ausrauben, ja vielleicht sogar töten und dann lachend weiterziehen. Er sagte, diese Jugendlichen hätten keinerlei Zuwendung und Zuspruch von ihren Vätern bekommen. Sie hätten kein Gewissen und es mache ihnen überhaupt nichts aus, Menschen Schaden zuzufügen.

Diese Situation finden wir nicht nur in Städten wie New York, Detroit, Chicago oder Los Angeles. Auch in den wohlhabenderen Vororten weniger berüchtigter Städte findet man nicht selten Jugendbanden, willkürlichen Vandalismus und exzessiven Drogenmißbrauch. Folgende Faktoren tragen, neben anderen, maßgeblich zu dieser Problematik bei: Mehr als die Hälfte der Kinder haben einen Alleinerziehenden als Familienoberhaupt oder stammen aus Familien, in denen die Eltern zum zweiten oder dritten Mal mit Partnern verheiratet sind, die selbst Kinder in die Ehe mitbrachten, weshalb permanent zwischen „ihren“ bzw. „seinen“ und „meinen“ Kindern unterschieden wird und folglich auch kein echtes Zusammengehörigkeitsgefühl entsteht.

Doch sogar Kinder, die aus einem soliden Elternhaus kommen und mit liebevoller Zuwendung erzogen und gefördert wurden, können als Erwachsene geistlich einschlafen: Wir leben in einer säkularisierten Gesellschaft, in der man allzu schnell in eine gewisse Oberflächlichkeit, Passivität und Gleichgültigkeit hineinschlittert.

Wodurch wird unser Geist „narkotisiert“?

♦ Unpersönliche Arbeitsstellen und Wohngegenden

♦ Isolation von der natürlichen Großfamilie aufgrund räumlicher Distanz oder Scheidung

♦ Wenig bzw. keine persönliche Zeit vor Gott oder gemeinsame Anbetung in einer Gemeinde

♦ Überfüllte Terminkalender und zu knapp bemessene Erholungsphasen, die nur wenig Zeit für Beziehungspflege und gute, tiefe Gespräche lassen

♦ Leichtfertige Haltung gegenüber außerehelicher Sexualität

♦ Übermäßige Konfrontation mit Gewalt, die zu Unempfindlichkeit für die Nöte und Gefühle anderer Menschen führt

Erkennen Sie, wie die verschiedenen Faktoren ineinandergreifen? Begreifen Sie, warum die Rechte und das Wohlergehen des Mitmenschen mit Füßen getreten werden, warum Familien auseinanderbrechen, warum so viele Ehen geschieden werden, warum die Verbrechensziffern nach oben schnellen? Den Fluch, vom dem in Maleachi 3,23-24 die Rede ist, haben wir selbst über uns gebracht.

Wir bekommen heute die Auswirkungen dessen zu spüren, daß der Geist heranwachsender Kinder nicht genährt wurde und folglich verkümmerte.

Liebe und Disziplin von den Eltern und der Großfamilie – Faktoren, die von entscheidender Bedeutung sind – gerieten immer mehr ins Hintertreffen, was sich auf unsere heutige Situation auswirkt.

Noch konkreter formuliert: Väter sind keine Väter. Wenn Väter ihren Kindern keine Zuwendung, keinen Körperkontakt, keine Liebe und keine Disziplin zuteil werden lassen, wird deren Geist unweigerlich verkümmern. Wie wird unsere Welt aussehen, wenn der geistliche Schlaf noch weiter grassiert? Wir brauchen nur in der Bibel nachzuschlagen, was in unserer Gesellschaft gang und gäbe sein wird (oder bereits ist?):

> *Denn die Menschen werden selbstsüchtig sein, geldliebend, prahlerisch, hochmütig, Lästerer, den Eltern ungehorsam, undankbar, unheilig, lieblos, unversöhnlich, Verleumder, unenthaltsam, grausam, das Gute nicht liebend, Verräter, unbesonnen, aufgeblasen, mehr das Vergnügen liebend als Gott, die eine Form der Gottseligkeit haben, deren Kraft aber verleugnen ...* (2 Tim 3,2-5)

Paulus spricht hier nicht von der Welt im allgemeinen. Er spricht vom Leib Christi, von denen, „die eine Form der Gottseligkeit haben, deren Kraft aber verleugnen". Wir können den Fluch des schlummernden Geistes nicht einfach dadurch abschütteln, daß wir uns aktiv in der Gemeinde engagieren. Menschen mit einem schlummernden Geist können den Heilsplan Christi verstandesmäßig begreifen, für sich annehmen und von neuem geboren sein, und sich dennoch nur um Gesetz, Theologie und Lehre drehen, anstatt um die Person Jesu. Weil ihr Geist schlummert, ist es ihnen nicht möglich, Jesus auf einer tiefen, persönlichen Ebene zu begegnen.

Manche Menschen können einen charismatischen Gottesdienst besuchen und sich von Lobpreis und Gesang mit erhobenen Händen begeistern lassen; doch meistens würden sie keinen Unterschied bemerken, wenn der Herr den Gottesdienst verließe, weil sie nur mit der Form der Anbetung etwas anfangen können. Jesus selbst kennen sie nicht, da ihr Geist schlummert.

Andere gehen in eine traditionelle Kirchengemeinde und sind angesichts der Liturgie und der Symbolik des Gottesdienstes emotionell tief bewegt (wiederum handelt es sich hierbei um eine Form der Anbetung). Aber sie kennen Gott nicht, weil ihr Geist schläft.

Der Mangel und die Handlungsunfähigkeit vieler Menschen in unserer Zeit sowie die zunehmende Apathie der Gemeinde Christi ist auf den schlummernden Geist zurückzuführen. Er hat das Gewissen der Menschen brüchig gemacht und eine grassierende Seuche der Herzlosigkeit und Unmoral ausgelöst. Wenn wir begreifen wollen, warum die zwischenmenschliche Kommunikation nur noch so dahinplätschert und so viele Beziehungen kaputtgehen, müssen wir verstehen, was es mit dem schlummernden Geist für eine Bewandtnis hat. Wir stehen vor gewaltigen Problemen, bei denen im Grunde nur deutlich wird, daß sich die Herzen der Väter und Mütter unbedingt wieder ihren Kindern zuwenden und ihnen die engagierte und zärtliche Zuwendung und Förderung und die liebevolle Zucht schenken müssen, die wesentlich dazu beiträgt, daß deren Geist lebendig, funktionstüchtig und wach bleibt.

Schauen Sie hoffnungsvoll auf den Ausweg aus dem Problem!

Vielleicht fragen Sie sich jetzt: „Ach je, mein Vater und/oder meine Mutter gaben mir nie diese Art der Zuwendung, des Zuspruchs und der Nähe, wie sie hier beschrieben werden. Gibt es noch Hoffnung für mich?“

Geraten Sie nicht in Panik oder Verzweiflung, wenn Sie über dies alles nachdenken. Sie werden dieser Einsamkeit ein Ende machen. Sie werden nicht länger denken müssen, Sie seien der einzige im Leib Christi, bei dem Schein und Sein nicht zusammenstimmen. Vielen anderen geht es wie Ihnen. Je mehr Ihnen bewußt wird, in welchen Bereichen Ihr Geist schlummert, desto mehr können Sie sich auf den Ausweg aus diesem Zustand des Mangels und der Unzulänglichkeit konzentrieren.

In den folgenden drei Kapiteln haben Sie Gelegenheit, über zehn wichtige Merkmale eines wachen Geistes sowie über die Eigenschaften von Menschen mit schlummerndem Geist nachzudenken. Im Rahmen dieser Standortbestimmung werden Sie vielleicht zu dem Schluß kommen, daß Ihr Geist in mehreren Bereichen schlummert.

Da wir alle im selben Boot sitzen, können wir auch alle am selben Segen Anteil haben. Wenn Sie erkennen, in welchen Bereichen Ihr Geist scheinbar noch am tiefsten schläft, können Sie gleichzeitig Ihr Bewußtsein dafür schärfen, wie dieses Defizit ausgeglichen werden kann und wie Sie Heilung durch die Kraft Gottes und die Liebe Ihrer Geschwister im Herrn empfangen können.

> Wenn wir Gemeinschaft haben, können wir anfangen, einander durch Liebe wieder aufzuwecken.

❦ **Himmlischer Vater**, laß' mich verstehen, was es heißt, wahrhaft Mensch zu sein – jeden Tag in den Fußstapfen meines Herrn Jesus Christus zu wandeln, der mir Vorbild für die Liebe, Barmherzigkeit und Güte ist, die du mir als Leitlinien gegeben hast.

Hilf' mir, unter der Zucht deiner Gnade ein glückliches Leben zu führen und jene mit der Beständigkeit deiner Weisheit und bedingungslosen Liebe zu züchtigen, die du meiner Obhut anvertraut hast.

Hilf' mir, mit demütigem und reinem Herzen Liebe zu geben und zu empfangen.

Hilf' mir, getragen vom Vertrauen auf dich, mein liebender himmlischer Vater, starke Familienstrukturen zu bauen voll Zuwendung und geistlicher Nahrung.

Hilf' mir, meinen Blick auf den Herrn Jesus zu richten, der dieses strahlende Licht ist, mit dem du die Dunkelheit des Bösen um mich her durchdringst. Gib' mir die Kraft und den Mut, immer schnurgerade auf das Licht der Gnade und Liebe meines Heilands zuzugehen.

❦

Praktische Anwendung: Der schlummernde Geist und seine Ursachen

1. Vergegenwärtigen Sie sich noch einmal, was in diesem Kapitel über die Verwendung der Begriffe *menschlich* und *unmenschlich* gesagt wurde. Welche Vorstellung vom Menschsein wurde Ihnen in Ihrer Erziehung beigebracht? Wurde Ihnen vermittelt, menschlich zu sein sei ein hohes Ideal, oder eher ein natürlicher, ja sündhafter Zustand, den man überwinden müsse?

2. Schreiben Sie, ausgehend von den Erkenntnissen dieses Kapitels, in eigenen Worten eine neue Definition dessen, was es heißt, wahrhaft Mensch zu sein.

3. In diesem Kapitel werden drei Erfordernisse aufgezählt, die vorhanden sein müssen, um den Geist des Menschen wach zu halten: **Liebe, Disziplin** und **ein starker Familienverband**. Inwieweit waren diese drei Komponenten in Ihrer eigenen Kindheit und Jugend vorhanden oder nicht vorhanden? (Sprechen Sie mit einem Freund darüber, was Sie über diese drei Faktoren denken. Beten Sie gemeinsam über Ihre Empfindungen diesbezüglich.)

4. Lesen Sie 2.Timotheus 3,2-5. Schreiben Sie auf, inwieweit in dieser Beschreibung des Paulus (die sich auf Christen bezieht) Dinge enthalten sind, die auch in Ihrem Leben immer stärker werden.

5. Stellen Sie sich vor, Sie könnten sich in die Vergangenheit zurückversetzen und ein Umfeld schaffen, das Ihren Geist besser nähren würde. Wie würde dies aussehen? Beschreiben Sie dieses Umfeld im Gespräch mit einem Freund oder in Ihrer Kleingruppe. Bitten Sie diesen Freund oder die Kleingruppe, sich zu einem Gefäß zu machen, durch das Gott Ihnen jetzt Nahrung für den Geist schenken kann.

6. Falls Sie der Meinung sind, es wäre an diesem Punkt Ihres Lebens erforderlich, Ihren Geist neu zu nähren, um ihn aus seinem Schlummer zu wecken, welche Quellen oder Hilfen könnten Sie sich zu diesem Zweck vorstellen? Schreiben Sie eine Liste.

Kapitel 3

Die Beziehung zu Gott

In den folgenden drei Kapiteln werden wir zehn Gesichtspunkte erörtern, wie uns ein wacher Geist dazu befähigt, wahrhaft Mensch zu sein. Wir werden auch veranschaulichen, was geschieht, wenn unser Geist in diesen Bereichen schläft.

Wenn Sie sich nun mit diesen zehn Eigenschaften eines wachen Geistes befassen, dürfen Sie nicht vergessen, daß niemand zu hundert Prozent schläft und niemand zu hundert Prozent wach ist. Jeder Mensch besitzt seine eigene, ganz spezielle geistliche „Konstellation". Manche schlafen tiefer als andere. Manche Menschen sind in bestimmten Lebensbereichen hellwach, während sie in anderen bedauernswert fest schlafen. Manche Leute erleben einen Wechsel von Schlaf und Wachzustand – eine Zeitlang sind sie geistesgegenwärtig, doch schon bald driften sie wieder in die Teilnahmslosigkeit ab.

Um bei Seelsorgeterminen quasi eine „Diagnose" stellen zu können, inwieweit der Geist einer Person schläft, arbeiten wir mit einer Reihe von Fragen. Jeder der zehn Abschnitte, in denen es um die Eigenschaften eines wachen Geistes geht, beginnt mit einer solchen „diagnostischen" Frage. Denken Sie gut über jede einzelne nach, damit Sie jene Funktionen Ihres Geistes aufspüren, die am dringendsten geweckt werden müssen.

Die ersten vier Charakteristika eines wachen Geistes haben etwas mit unserer Beziehung zu Gott zu tun.

Gottes Anwesenheit in gemeinschaftlicher Anbetung spüren

Wenn Sie an einem Gottesdienst teilnehmen und alle Anwesenden von Predigt, Gesang und Lobpreis begeistert sind, können Sie dann Gottes Gegenwart wirklich fühlen oder müssen Sie sich selbst in einem Glaubensschritt zusprechen, daß er da ist?

Wenn Gott in der Anbetung an uns wirkt, beeinflußt er nicht zuerst unser Denken oder unser Herz, sondern unseren Geist.

> *Es kommt aber die Stunde und ist jetzt, da die wahren Anbeter den Vater in Geist und Wahrheit anbeten werden; denn auch der Vater sucht solche als seine Anbeter. Gott ist Geist, und die ihn anbeten, müssen in Geist und Wahrheit anbeten.* (Joh 4,23-24)

Gott beflügelt unseren Geist und befähigt uns zur Anbetung. Hören Sie das „Magnifikat", das Lied Marias. In der Elberfelder Bibel ist die Wiedergabe der einzelnen Zeitformen recht hilfreich:

> *Meine Seele* ***erhebt*** *den Herrn, und mein Geist* ***hat frohlockt*** *in Gott, meinem Heiland.* (Lk 1,46-47)

Weil Marias Geist in Gott frohlockt **hat**, wurde sie beflügelt (d. h. belebt oder sensibler gemacht). Das hatte **zur Folge**, daß die Kraft ihres Geistes über ihre Gedanken, ihren Charakter und ihre Persönlichkeit in der Verehrung und Anbetung Gottes zum Ausdruck kam.

Wer einen wachen Geist hat, kann sich einer Gruppe anschließen, die Gott anbetet, und dabei spüren, wie die Gegenwart des Heiligen Geistes die Anbetenden durchströmt. Natürlich registriert jeder diese Erfahrung auf eine andere Weise, je nachdem, welche Form der Anbetung für den einzelnen am auferbauendsten ist.

Diese Erfahrung kann sich während einer Messe in einer Kathedrale einstellen, beim Singen geistlicher Lieder in einer Dorfkirche oder beim Gebet und Lobpreis einer kleinen Gruppe von Freunden. All diese Formen gemeinschaftlicher Anbetung haben eins gemeinsam: das Gefühl, in der Gegenwart Gottes aufzugehen. Unter Mithilfe des Heiligen Geistes preisen wir Gott und singen ihm Lieder. Anbetung geschieht dann, wenn Gott kommt, uns begegnet und zu sich nimmt.

Menschen mit schlummerndem Geist tun sich schwer, vom Lobpreis in die Anbetung überzugehen, weil sie nicht in der Lage sind, diese Begeisterung zu erleben, die sich einstellen sollte, sobald der Geist Gottes über einen kommt.

Meist sagen sie dann: „Ich glaube, daß Gott unsere Anbetung hört, aber so wie Sie das beschreiben, habe ich Gottes Anwesenheit noch nie gespürt."

Solche Menschen haben manchmal das Gefühl, als blitze die Gegenwart Gottes kurz auf, sind jedoch nicht in der Lage, in seiner Gegenwart zu bleiben und zu ruhen. Ihr Geist versetzt sie nicht in die Lage, emotionell aus sich herauszugehen und sich ganz der gemeinschaftlichen Anbetung hinzugeben. Das hat unterschiedliche Auswirkungen: Die Gedanken begeben sich auf Wanderschaft; der Blick schweift umher und läßt sich ablenken; wenn in einer ungewohnten Weise angebetet wird, fühlt man sich unwohl; man beschäftigt sich ständig mit persönlichen Problemen; bisweilen hegt man sogar Mißtrauen oder Skepsis gegenüber den anderen Anbetern im Saal.

Aus welchem Grund auch immer ist für den Betroffenen Gottes Nähe und Präsenz keine Realität, weil sein Geist nicht wach genug ist, um die Barrieren, die das Ego errichtet, von der Herrlichkeit des Lobpreises und der Anbetung niederreißen zu lassen. Der Geist wird eingelullt und schlummert, wahre Anbetung in der Gegenwart Gottes ist nur selten, wenn überhaupt, möglich.

Gottes Gegenwart in der persönlichen „Stillen Zeit" spüren

Wenn Sie für sich allein beten und vor Gott sind, erleben Sie dann dieses starke Gefühl der Gegenwart und Kraft Gottes, die Sie in tiefe Anbetung führen?

Ein Mensch mit wachem Geist ist in der Lage, für sich allein im stillen Kämmerchen zu beten, in der Bibel zu lesen und Gott zu preisen und dabei die Gegenwart unseres Herrn Jesus Christus ganz real zu spüren. Hand in Hand damit geht das Gefühl, von seiner Herrlichkeit eingehüllt zu sein, aufgerichtet, erfrischt und für den Tag zugerüstet zu werden.

> *Doch was den Menschen klug macht, ist der Geist, der Hauch, den Gott ihm eingeblasen hat.* (Hiob 32,8; Gute Nachricht)

Dieses geistliche Gespür für die Gegenwart Gottes ist nicht vorhanden, wenn unser Geist schläft. Die typische Antwort eines geistlichen Schläfers auf die Frage, ob er in seiner „Stillen Zeit" die Anwesenheit Gottes spüre, wäre: „Nein, aber wenigstens kann ich in der Bibel lesen und damit einen Teil meiner 'Stillen Zeit' bestreiten."

Wenn unser Geist schlummert, kommen uns Abschnitte aus der Bibel vor wie Worte ohne Saft und Kraft. Haben Sie sich schon einmal bei der Lektüre eines Buchs dabei ertappt, wie Sie sich ablenken ließen oder Ihre Gedanken auf einmal ganz woanders waren? Plötzlich fiel Ihnen auf, daß Sie einen ganzen Absatz lasen, ohne den Inhalt begriffen zu haben.

Menschen mit schlummerndem Geist, die versuchen, „Stille Zeit" zu machen, passiert das recht häufig. Ihnen fehlt die Konzentration und das Gefühl, die Bibel mit Gewinn zu lesen. Weil sie den inspirierenden Hauch Gottes, der die Sinne schärft, nicht empfangen können, bleibt das Gelesene tot.

Einem Menschen mit schlummerndem Geist ist es nicht möglich, im Gebet konsequent zu sein, weil seine Gedanken ständig abschweifen oder weil es ihm bei der Kommunikation mit Gott an Offenheit mangelt. Ihm geht die Puste aus und seine „Stille Zeit“ ist alles andere als eine belebende Erfahrung. Wenn man erst einmal soweit ist, dauert es nicht mehr lange, bis man Gebet und Bibellese ganz sein läßt.

Wer konsequent eine persönliche Zeit vor Gott einhalten möchte, darf das Alleinsein nicht scheuen, muß stille sein und sich auf Gebet und inspiriertes Nachdenken konzentrieren können; er muß Freude an der Bibellese, am Lobpreis und am stillen Hören auf Gottes Stimme haben. Diese Eigenschaften des menschlichen Geistes kann Gott für die „Stille Zeit“ erweitern, vertiefen und schärfen.

Fühlen Sie sich unwohl, wenn Sie allein sein? Ist es Ihnen lieber, immer Leute um sich zu haben, einkaufen zu gehen, zu reisen, zu studieren oder sich unterhalten zu lassen? Halten Sie Stille nicht aus? Möchten Sie, daß immer das Radio oder der Fernseher läuft? Müssen Sie sich ständig beschäftigen oder mit anderen Leuten plaudern? Der eine oder andere protestiert vielleicht und meint, das Alleinsein oder die Stille seien schlicht und ergreifend langweilig. Doch ein Mensch mit wachem Geist empfindet Zeiten, in denen es ruhig ist und die er in stiller Einsamkeit verbringt, als etwas Stimulierendes und Aufregendes, weil sich sein Geist erheben kann, ohne von Irritationen oder Forderungen anderer Menschen zu Boden gedrückt zu werden. Unter diesen Rahmenbedingungen kann sich eine gezielte und konzentrierte „Stille Zeit“ zu einer äußerst lohnenden Zeit der Anbetung und innigen Gemeinschaft mit dem Herrn entwickeln.

Die Menschen sind natürlich grundverschieden. Manche sind von ihrem Wesen her eher introvertiert und scheinen sich ihre Energie und Bestätigung aus ihrem Inneren zu holen. Sie fühlen sich meist wohler, wenn sie allein arbeiten können und schätzen die Einsamkeit. Andere Menschen sind von ihrer Persönlichkeit her eher extravertiert; sie holen sich ihre Energie von außen und bekommen Stimulation, Gemeinschaftsgefühl und Bestätigung in der Gegenwart anderer Menschen.

In unserem Umgang mit vielen verschiedenen Menschen, die die unterschiedlichsten Charaktere haben, machten wir jedoch die Erfahrung, daß jene, die einen wachen Geist haben, mehr und mehr innere Sicherheit bekommen und sich in der Zeit der

Einsamkeit entspannen und auf Gott ausrichten können. Sogar ein extravertierter Mensch kann die Stille lieben lernen. Sein Geist läßt alle äußerlichen Reize außer acht und wird sich der Gegenwart Gottes bewußt. Seine Sinne werden geschärft, und echte Anbetung wird zur Realität.

Echte Kommunikation mit Gott erleben

Hören Sie die Stimme Gottes? Haben Sie bisweilen geistliche Träume, Bilder oder Visionen oder wissen Sie mit Sicherheit, daß Gott auf andere Weise zu Ihnen spricht?

Seien Sie ehrlich. Gehören Sie zu den Skeptikern? Wie reagieren Sie, wenn jemand erzählt, er höre die Stimme Gottes? Halten Sie ihn für psychotisch oder für einen religiösen Scharlatan? Leider reagieren die meisten Leute unserer heutigen Gesellschaft so, da das Hören auf Gott so selten und unüblich geworden ist.

Ja, es gibt geisteskranke Menschen, die meinen, sie hörten Gott, was jedoch nicht stimmt. Es gibt religiöse Betrüger, die Menschen manipulieren und fragwürdige Behauptungen darüber aufstellen, was Gott angeblich von uns fordere; damit wollen sie lediglich Anhänger werben und finanziellen Gewinn machen. Und es gibt Führer religiöser Sekten, die die Gemeinde Christi in Verruf gebracht haben, indem sie kraß verzerrte Lehren und lächerliche, vorgetäuschte Botschaften von Gott in Umlauf brachten, die lediglich ihren eigenen pervertierten Zwecken dienen. Aber es ist auch eine Realität, daß Gott direkt mit jenen kommuniziert, deren Geist wach genug ist, um ihn zu hören. Gott leitet und erbaut alle, die im Geist und in der Wahrheit auf ihn hören.

Beim Hören geht es zunächst und vor allem darum, daß man aufmerksam ist. In einer Zeit, die von den Schlagworten „Multimedia“ und „Multitasking“ (d. h. mehrere Dinge gleichzeitig tun) geprägt wird, ist es schon schwierig, sich ausreichend zu konzentrieren, um allein die hörbaren Signale aufzunehmen, geschweige denn, die Untertöne.

Wollen Eltern die Aufmerksamkeit eines Kindes erregen, das ganz und gar in sein Spiel vertieft ist, bleibt ihnen bisweilen nichts anderes übrig, als dessen Kopf sanft in die Hände zu nehmen und mit bestimmtem Ton zu sagen: „Schau’ mich an und paß’ auf, was ich jetzt sage.“ Manchmal ist es auch hilfreich, das Kind zu bitten, die Botschaft laut zu wiederholen, damit man weiß, ob es sie auch wirklich verstanden hat.

Gott wird selten unseren Kopf zu sich drehen, um uns zum Zuhören zu bringen, auch wenn uns eine Krise in unserem Leben dazu zwingen kann, innezuhalten und zuzuhören. In der Regel ist es so, daß man das Hören auf Gottes Stimme üben muß. Man muß immer wieder bewußt die Ohren spitzen und sich daran gewöhnen, daß Gott seinen Willen oft ganz leise und zart mitteilt.

Die Fähigkeit, auf Gottes Reden zu hören, wird durch einen wachen Geist noch gesteigert. Wenn Gottes Versuch der direkten Kommunikation nicht registriert wird, ist der Geist, zu dem er spricht, womöglich so taub und schläfrig, daß die Botschaft nicht bis zum Sinn vordringen und sich in bewußten Gedanken niederschlagen kann.

Die typische Antwort auf unsere „diagnostische" Frage am Anfang dieses Abschnitts lautet in diesem Fall: „Nein. Ich muß wohl oder übel glauben, daß die Leute, die immer wieder sagen, der Herr rede mit ihnen, sich nicht selbst betrügen. Zu mir spricht er jedenfalls nie."

Eine andere charakteristische Antwort wäre: „Ich glaube, daß Gott Gebete erhört, aber ich glaube nicht, daß er direkt zu Menschen spricht, so daß sie ihn tatsächlich hören können."

Menschen mit einem wachen Geist wissen, daß Gott oft durch Träume spricht; deshalb sind sie auch bereit zuzuhören. Vielleicht haben sie Träume, die wahr werden, oder mit einem konkreten symbolischen Sinn, der eine für sie klar verständliche Botschaft Gottes in sich birgt. Oder sie sehen vor ihrem inneren Auge Bilder bzw. Visionen, die etwas zu bedeuten haben. Manchmal hören sie auch, wie Gott in ihrem Inneren zu ihnen spricht, ja manchmal sogar hörbar. Gott spricht von seinem Geist zu unserem Geist, doch ein schlummernder Geist kann ihn nicht hören.

... sondern wie geschrieben steht: 'Was kein Auge gesehen und kein Ohr gehört hat und in keines Menschen Herz gekommen ist, was Gott denen bereitet hat, die ihn lieben.' Uns aber hat Gott es geoffenbart durch den Geist, denn der Geist erforscht alles, auch die Tiefen Gottes. (1 Kor 2,9-10)

Von Gott inspiriert werden

Haben Sie das Gefühl, daß Sie von Gott mit neuen Ideen und kreativen Möglichkeiten zur Umsetzung inspiriert werden?

Gott möchte uns inspirieren. Diese Inspiration ist nicht nur für die „christlichen" Bereiche unseres Lebens reserviert. Vielmehr setzt sie kreative Vorstellungskraft und schöpferische Fähigkeiten in allen Lebensbereichen frei.

- ♦ Sie offenbart unserem inneren Auge kreatives Neuland.
- ♦ Sie zeigt neue und aufregende Lösungsansätze auf.
- ♦ Sie schenkt die Fähigkeit zur einfühlsamen Auslegung und Deutung.
- ♦ Sie vereinfacht das Komplexe.
- ♦ Sie bringt Klarheit in das Verschwommene.
- ♦ Sie setzt das Verschiedenartige zu einem harmonischen Ganzen zusammen.
- ♦ Sie schenkt kraftvolle Ausdrucksmöglichkeiten.
- ♦ Sie leitet mit geistgewirkter Ausstrahlung.

Ist Ihnen schon einmal jemand begegnet, der sich professionell mit Dichtkunst beschäftigt und alle Versmaße, die Bildersprache und sämtliche literarischen Formen kennt? Doch kaum versucht er selbst, Gedichte zu schreiben, kommen nur Knittelverse heraus? Was er sagen möchte, formuliert er kleinlich und pedantisch, seine Bilder sind Platitüden und die Worte sind saft- und kraftlos. Kurz: Ihm fehlt die Inspiration.

Ein anderer hat sich vielleicht nie ernsthaft mit Poetik beschäftigt, doch seine Zeilen springen den Leser bei der Lektüre förmlich an. Seine Gedichte haben einen inneren Rhythmus, die Bildersprache ist gewaltig und seine Ausdrucksmöglichkeiten sind so differenziert und einfühlsam, daß sie die Phantasie des Lesers anregen und seine Emotionen aufwühlen. Was er schreibt, ist inspiriert.

Analog dazu gibt es Menschen, die Malerei studieren, sich mit symmetrischem und asymmetrischem Gleichgewicht auskennen, die Farbtheorie intus haben und mit allen Methoden der visuellen Darstellung vertraut sind. Doch was sie selbst malen, ist kalt und mechanisch. Ihre Bilder sind nichts als Technik und spiegeln kein Gefühl wider. Bei einem anderen Maler versetzen uns schon ein paar einfache Pinselstriche ins Staunen. Die kraftvolle Einfachheit der Darstellung hat etwas Kreatives, etwas Einzigartiges. Wo liegt der Unterschied? Der eine hat neben seinem Wissen noch die Inspiration, der andere nicht.

Ein befreundeter Ingenieur sagte mir einmal, seine Mitarbeiter könne man in zwei Kategorien einteilen: „Wiederkäuer“ und „Innovatoren“. Die „Wiederkäuer“ sind Ingenieure, die in erster Linie die gängigen Lösungen anwenden, die andere Leute vor ihnen erdacht haben. Sie haben nur selten eigene Ideen. Ihre Denkweise ist praxisorientiert, ober ohne Brillanz. Ihnen fehlt die Inspiration, um selbst neue, innovative Lösungen zu finden.

Andere Ingenieure erweisen sich als außerordentlich kreative „Innovatoren“. Sie haben alle möglichen Ideen und sind begeistert angesichts der Herausforderung, neue und wirksame Lösungen für technische Probleme zu finden. Der Unterschied zu den „Wiederkäuern“ liegt darin, daß sie ihr Wissen, ihre Logik und ihre Empfänglichkeit für neue Ideen zu einer inspirierten, harmonischen Denkweise verdichten können. Ein wacher Geist schlägt kreative Funken.

An dieser Stelle sei noch einmal gesagt, daß jeder Mensch einen Geist hat und daß die Inspiration Gottes Gläubigen und Ungläubigen zuteil werden kann. Ja, ein Mensch, der sich der Religion gegenüber neutral verhält, ist vielleicht besser in der Lage, kreative Inspiration zu bekommen. Kreativität wird leichter freigesetzt, wenn der Geist des Menschen für neue Ideen offen ist, man keine Gefahren und Risiken scheut und sich ohne große Bedenken auf Neuland vorwagt. Damit diese Kreativität von Inspiration wirklich durchdrungen und belebt werden kann, ist es erforderlich, sich unbeirrbar nur auf ein einziges Ziel auszurichten. In diesem Sinne hat ein wacher Geist weniger etwas mit Religion als mit geistlicher Offenheit zu tun.

Wer im Herzen jung (geblieben) ist, kommt oft leichter in den Genuß der Inspiration, weil er eine einfachere Weltsicht hat und sich eher auf wenige Dinge konzentriert. Thomas Hart Benton, der vielleicht einflußreichste amerikanische Maler von Wandgemälden dieses Jahrhunderts, war berühmt für die herrliche Einfachheit seiner Darstellungen, die den unbezwingbaren menschlichen Geist veranschaulichten. Als er über achtzig und als Maler immer noch aktiv war, hatte er in seinem Studio gerne junge Leute unter zwanzig um sich. Benton war nämlich der Ansicht, daß nur junge Menschen in der Lage wären, die ursprünglichen und unverbrauchten Ideen zu verarbeiten und zu begreifen, die ihn so beflügelten.

Christlicher Glaube und Engagement kann sich darauf auswirken, wie wach der Geist eines Menschen ist, um Gaben von Gott zu empfangen, muß aber nicht. Das gilt vor allem für den Bereich der kreativen Inspiration. Es wäre quasi die Krönung, wenn man erleben könnte, wie der eigene christliche Glaube die kreativen Möglichkeiten noch steigert, wie es bei vielen Künstlern, Schriftstellern, Wissenschaftlern und Politikern der Geschichte der Fall war und ist. Doch Christen sind oft so in den Formen ihrer Religion festzementiert, daß der Geist nur selten Gelegenheit hat, sich frei zu erheben; oder die Verantwortung, eine Familie oder einen geistlichen Dienst zu führen, lastet so schwer auf ihren Schultern, daß ihr Geist nicht die Freiheit hat, die Inspiration Gottes überhaupt wahrzunehmen, geschweige denn, mit ihr mitzufliegen, wenn sie kommt.

Gott gießt die Inspiration über jeden wachen Geist aus, der sie aufnehmen kann. Es kann ein großartiges harmonisches Zusammenspiel entstehen, wenn die Inspiration Gottes den wachen Geist eines geisterfüllten Christen durchströmt. Wir müssen jedoch auch anerkennen, daß die Inspiration Gottes in gleicher Weise den wachen Geist von Ungläubigen beflügeln und zu bisweilen herausragenden künstlerischen, musikalischen, literarischen oder wissenschaftlichen Werken anspornen kann.

❦ **Herr**, ich bitte dich, daß du meinen Geist erweckst, damit er staunend die Schönheit deiner Schöpfung bewundern kann. Entfache dein Feuer in mir, öffne mir die Augen für die Leuchtkraft der Farben, für das anmutige Wogen eines erntereifen Weizenfeldes und für die Zuneigung im Blick eines geliebten Menschen.

Öffne mir die Ohren für das Lachen eines Kindes, für die donnernde Wucht eines Aufschlags, für das angenehme Rascheln der Büsche und Gräser auf meinem Weg zum Angeln.

Gib', daß ich durch deine Gegenwart erfrischt und erbaut werde, daß ich mich auch in der Stille bei dir wohl fühle, daß ich sensibel für deine Leitung bin und mich von deinem Geist trösten lasse.

Und Herr, mach' mich zu einem Gefäß, das deine guten Gaben der Inspiration voller Begeisterung in sich aufnimmt, damit ich sie mit heiligem und umsichtigem Eifer an andere weitergebe.

❦

Praktische Anwendung: **Die Beziehung zu Gott**

1. Wiederholen Sie die vier Merkmale eines wachen Geistes, die in diesem Kapitel besprochen wurden. Stufen Sie sich selbst auf einer Skala von 1 bis 5 ein, inwieweit Ihr Geist Ihrer Meinung nach in den jeweiligen Bereichen wach ist bzw. noch schlummert. Kreuzen Sie die zutreffende Zahl an (1 = am wenigsten wach, 5 = am wachsten).

Gottes Anwesenheit in gemeinschaftlicher Anbetung spüren
1 2 3 4 5

Gottes Gegenwart in der persönlichen „Stillen Zeit" spüren
1 2 3 4 5

Echte Kommunikation mit Gott erleben
1 2 3 4 5

Von Gott inspiriert werden
1 2 3 4 5

2. Wodurch werden Sie in gemeinschaftlicher Anbetung gehindert, die Gegenwart Gottes im vollen Ausmaß zu erleben? Wodurch werden Sie abgelenkt? Unterteilen Sie ein Blatt Papier in zwei Spalten. Schreiben Sie in die linke Spalte alle Dinge, die Sie für gewöhnlich von der Anbetung ablenken. Notieren Sie in der rechten Spalte, wie Sie diese Faktoren eindämmen könnten, um sich mehr auf die Ich-Du-Beziehung zu Gott zu konzentrieren.

3. Probieren Sie in Ihrer „Stillen Zeit" die folgenden einfachen Übungen, um häufiger und konzentrierter mit Gott in Kontakt zu kommen:

♦ Sprechen Sie mehrmals im Lauf eines Tages „Stoßgebete". Halten Sie dabei die Augen offen und machen Sie daraus eine einfache Unterhaltung mit Gott, in der Sie ihn um Hilfe und seine auferbauende Gegenwart bitten oder ihm danken und ihn preisen. Versuchen Sie, Gebet zu einer täglichen Gewohnheit zu machen.

♦ Damit Sie in der „Stillen Zeit" nicht von Äußerlichkeiten abgelenkt werden, zünden Sie in einem dunklen und ruhigen Zimmer eine Kerze an und richten Sie Ihre Aufmerksamkeit auf die Flamme; dies kann Ihnen helfen, sich auf die Gegenwart des Heiligen Geistes zu konzentrieren. Beten Sie laut zu Gott, was Ihnen gerade in den Sinn kommt. Beten Sie aufrichtig und bekennen Sie Dinge, ohne viele und schöne Worte zu machen.

♦ Hören Sie sich über Kopfhörer christliche Musik an. Verdunkeln Sie das Zimmer oder schließen Sie die Augen, um äußere Störeinflüsse auszuschalten. Hören Sie genau auf den Text. Sie können auch klassische Musik hören, falls Sie diese bevorzugen. Stellen Sie sich vor, wie Ihr ganzer Körper in der Gegenwart des Heiligen Geistes „badet“.

4. Wenn Sie die Kommunikation zwischen sich und Gott vertiefen möchten, sollten Sie damit beginnen, zunächst einmal im Glauben folgendes anzunehmen: „Es kann und wird geschehen, wenn ich offen genug bin.“ Schaffen Sie eine Atmosphäre, die Sie in die Lage versetzt, ganz genau darauf zu achten, wie Gott zu Ihnen sprechen möchte.

   - Lesen Sie bei Kerzenlicht die Seligpreisungen in Matthäus 5. Überfliegen Sie die Verse nicht, um möglichst schnell fertig zu werden. Machen Sie nach jedem Vers eine Pause und denken Sie über seine Bedeutung nach. Beten Sie dafür, daß Gott Ihnen in jedem Abschnitt etwas Besonderes mitteilt. Nehmen Sie sich Zeit und warten Sie auf eine Antwort. Vielleicht spricht Gott durch Ihre eigenen Gedanken, vor allem, wenn sie leicht und unerzwungen in Ihrem Bewußtsein „auftauchen“.

   - Setzen Sie sich an den Strand und betrachten Sie das Spiel der Wellen oder gehen Sie in den Wald und beobachten Sie still die Natur. Denken Sie gründlich darüber nach, was Sie gerade erleben. Teilt Gott Ihnen auf symbolische Weise etwas mit, wenn Sie über die Faszination der Natur nachsinnen?

   - Haben Sie immer wieder denselben Traum? Legen Sie sich Bleistift und Papier auf den Nachttisch. Vergegenwärtigen Sie sich gleich nach dem Aufwachen Ihren Traum und schreiben Sie ihn auf, solange die Erinnerung noch frisch ist. Sprechen Sie über Ihre Träume mit einem befreundeten Christen und denken Sie darüber nach, was Gott Ihnen vielleicht durch sie sagen möchte. Träume sind meistens eher sinnbildlich als wörtlich zu verstehen. Forschen Sie nach den Botschaften, die hinter den Symbolen stecken.

5. Beten Sie für die Inspiration Gottes, um mehr Kreativität und Einfallsreichtum zu bekommen. Bitten Sie ihn, Ihnen

zu helfen, alltägliche Dinge in einem neuen und kreativen Licht zu sehen. Spitzen Sie die Ohren, wenn Sie eine neue Idee bekommen. Sagen Sie: „Danke, Gott!“ Greifen Sie den neuen Gedanken auf, indem Sie mit anderen darüber reden. Integrieren Sie Ihre neuen Entdeckungen mit dankbarem Herzen in Ihren Alltag.

Kapitel 4

Die Beziehung zu anderen Menschen

„Projektionsfähigkeit“

Sind Ihnen Erfahrungen aus der Vergangenheit heute noch gegenwärtig genug, um Sie davon abzuhalten, die alten Fehler noch einmal zu machen? Oder läßt Ihr Erinnerungsvermögen nach? Können Möglichkeiten, die noch in der Zukunft liegen, Sie jetzt schon so begeistern und anspornen, daß Sie sich trotz momentaner Probleme danach ausstrecken und gute, zukunftsorientierte Entscheidungen treffen? Oder fühlen Sie sich an das Jetzt gebunden?

Die Fähigkeit, aus der Vergangenheit zu lernen und daraus für die Zukunft Schlüsse zu ziehen bzw. das Vergangene, das Gegenwärtige und das Mögliche (Zukünftige) miteinander in Beziehung zu setzen, bezeichnen wir als „Projektionsfähigkeit“.

Ein Beispiel: Ein Ehepaar kommt zu uns in die Seelsorge. Ihr Geist ist wach, aber ihre Ehe hat einige neuralgische Punkte, deren Bewältigung von beiden ein gutes Stück Arbeit erfordern wird. Weil ihr Geist wach ist, sind sie in der Lage, sich an das Schöne und Gute an ihrer Ehe zu erinnern. Zudem können Sie zuversichtlich in die Zukunft schauen und wissen, daß sie wieder eine ausgezeichnete Beziehung haben werden, sobald ihre gegenwärtigen Schwierigkeiten überwunden sind. Ihr Geist kann das Vergangene, das Gegenwärtige und das Zukünftige so zwingend und überzeugend miteinander in Beziehung setzen, daß ihre Gefühle ansprechen und sie wieder neue Hoffnung schöpfen. Sie verstehen die Zusammenhänge zwischen Ursache und Wirkung, mit deren Hilfe sie ihren derzeitigen Zustand hinter sich lassen und ihr gewünschtes Ziel erreichen können.

Dann kommt ein anderes Ehepaar in die Seelsorge, das nicht in der Lage ist, sich an das Gute aus der Vergangenheit zu erinnern; für die beiden Partner sind diese Dinge nicht mehr real und folglich für den Jetztzustand bedeutungslos. Sie können sich gedanklich nicht in die Zukunft hineinversetzen und bekommen deshalb auch nicht den Glauben, daß ihre Beziehung wiederhergestellt werden kann. Sie sind ans Jetzt gefesselt. Sie können die Umklammerung des Augenblicks nicht abschütteln und konzentrieren sich folglich ausschließlich auf ihre aktuellen Probleme und Streitigkeiten. Aufgrund ihres schlummernden Geistes sind sie nicht handlungsfähig; es fehlt ihnen quasi das Handwerkszeug, um ihre Beziehung und ihre Ehe zu retten.

Wir sprachen bereits über den jungen Mann, dem es so schwer fiel, seine Rechnungen zu zahlen; auch er hatte einen schlummernden Geist und infolgedessen keine „Projektionsfähigkeit". Er lebte nur für den Augenblick. Sobald er etwas Schönes sah, konnte er seinen Überschwang nicht bändigen und kaufte es. Wenn er gerade kein Geld hatte, kaufte er auf Kredit und machte sich keine Gedanken darüber, wie er die Raten später zurückzahlen würde. Als dann die Gläubiger bei ihm anriefen, konnte er sich nur noch so schwach an den Kauf erinnern, daß dieser in seinen Augen gar nicht mehr real war. Deshalb waren diese Leute für ihn nichts anderes als Störenfriede, die in seine momentane heile Welt eindrangen.

Haben Sie schon einmal eine vollmächtige Predigt gehört, in der der Pastor wie Paulus mit eindringlichen Worten darauf hinwies, daß wir alle einmal für unsere Taten vor dem Herrn Rechenschaft ablegen müßten? Wenn jemand nach so einer Predigt wieder nach Hause geht und fröhlich weitersündigt, als gäbe es kein Letztes Gericht, fragt man sich doch: „Wie kann er so etwas tun?"

Warum? Einem Menschen mit schlummerndem Geist eine Predigt über das Letzte Gericht zu halten ist wie ein Markstück in einen kaputten Automaten zu werfen: Es fällt durch; es ist nichts vorhanden, an dem die Botschaft hängenbleiben könnte. Der Geist dieses Menschen schlummert. Weil er nur für den Augenblick lebt, sind Zukunft und Vergangenheit keine Realitäten, die ihn zu einem bestimmten Verhalten zwingen würden.

Tief empfundene, persönliche Kommunikation mit anderen Menschen pflegen

Spüren oder fühlen Sie in einer Unterhaltung, was Ihr Gesprächspartner fühlt, so daß Sie verstehen, was er sagen will, noch bevor er es ausgesprochen hat? Oder müssen Sie versuchen, seine Gedanken rein verstandesmäßig zu erfassen?

Es ist ein herrlich erfrischendes Gefühl, sich bei einer Unterhaltung mit seinem Gesprächspartner im Geist einig zu sein. Wenn das geschieht, kann man sich so auf den anderen einstellen, daß selbst größere Gedankensprünge problemlos möglich sind. Der andere weiß, was man sagen möchte, noch bevor man seinen Satz beendet hat. Man hört nicht nur die Worte, sondern hat das richtige Gespür für die Zielrichtung und Stimmung der Unterhaltung. Diese Art der Kommunikation ist spannend und sehr gewinnbringend.

Haben Sie sich im Gegensatz dazu schon einmal mit jemandem unterhalten und gedacht, er könne ihnen folgen, als er plötzlich etwas sagte, das sonderbar und unpassend wirkte? In so einer Situation denkt man: „Was will er bloß damit? Ich dachte, wir wären auf derselben Wellenlänge."

Wenn so etwas geschieht, heißt das unter Umständen, daß Ihnen Ihr Gesprächspartner zwar rein gedanklich, aber nicht mit seinem Geist folgen konnte. Um mit Ihnen zu kommunizieren, mußte er sich eine Antwort bzw. Reaktion förmlich ausdenken. Als die Unterhaltung auf einmal die Richtung änderte, konnte er gedanklich nicht mehr mitziehen. Er verlor den Faden und redete völlig an Ihnen vorbei.

Gute Kommunikation ist eine wesentliche Voraussetzung für die innige Beziehung, die zwischen engen Freunden, innerhalb der Familie und zwischen Ehepartnern vorhanden sein sollte. Wir sprechen hier von einer Art der Kommunikation, die weit darüber hinausgeht, daß man sich mit einem anderen Menschen gut unterhalten kann. Man kann interessante Gespräche haben, ohne die Tiefen des Herzens offenbaren zu müssen.

Wenn ein Mann und eine Frau den Ehebund schließen, sollte sich das Niveau und die Innigkeit ihrer Beziehung ständig weiterentwickeln, damit sie einander wirklich verstehen und in der Tiefe kennenlernen können. Die Kommunikation von Geist zu Geist hat zur Folge, daß man die Mimik oder den Blick des anderen deuten und Gemütszustände spüren kann, ohne ein Wort zu sprechen. Dies wiederum bedeutet, daß man angemessen darauf reagieren und einfühlsam handeln kann, ohne die Gefühle des Partners durch impulsives Verhalten oder Mißverständnisse zu verletzen. Jene Art der tief empfundenen Kommunikation kann sich auf verschiedenerlei Weise entwickeln: durch Gespräche, in denen man sein Innerstes preisgibt; durch gemeinsame Erlebnisse; durch Körpersprache; durch sexuelle Vereinigung und durch die nuancierte und differenzierte Kommunikation des Geistes.

Wer innige Beziehungen bauen will, muß (geistes)gegenwärtig sein; diese Präsenz hängt wesentlich davon ab, inwieweit man sich in der Begegnung von Geist zu Geist offenbart. Falls der Geist nicht „funktionstüchtig" ist und schlummert, kann diese tief empfundene, persönliche Kommunikation nicht stattfinden.

Denken Sie über folgende Fragen nach, um zu erkennen, wie wach Ihr Geist in diesem konkreten Bereich ist:

♦ Haben Sie mehrere enge, persönliche Freunde, mit denen Sie regelmäßig tiefe Gespräche führen?

♦ Können Sie einem Gesprächspartner längere Zeit über in die Augen schauen, ohne sich dabei unwohl zu fühlen?

♦ Wie fühlen Sie sich, wenn Sie einem Freund die persönlichsten und privatesten Dinge Ihres Lebens erzählen?

♦ Wie gut kennen Sie – Ihrer Einschätzung nach – Ihren Ehepartner? Sind Sie in der Lage, ihm Ihre Gefühle klar und deutlich mitzuteilen oder drücken Sie sich oft mißverständlich aus oder sprechen gleich gar nicht mit ihm?

♦ Bitten Sie Ihren Partner, Ihnen zu sagen, wie gut Sie sich in ihn hineinversetzen können und seine Nöte, Absichten, Reaktionen und Herzensanliegen verstehen.

Dauerhafte, persönliche Beziehungen pflegen

Haben Sie enge Beziehungen zu mehreren guten Freunden, die sich in guten wie in schlechten Tagen über viele Jahre hinweg bewährt haben?

Die Strukturen innerhalb unserer Familien sind so zerbröckelt und unser Selbstbild ist so wirr, daß jede neue Generation neue Menschen mit schlummerndem Geist hervorbringt. Wenn zwei Menschen mit schlummerndem Geist heiraten und Kinder bekommen, werden diese Kinder wahrscheinlich auch wieder einen schlummernden Geist haben; somit muß eine Generation nach der anderen mit erheblichen Defiziten leben.

Die Unfähigkeit zu einer angemessenen Kommunikation trägt wesentlich zu Problemen zwischen Familienangehörigen bei. Wenn zwei Menschen mit schlummerndem Geist zusammenkommen, fällt es ihnen sehr schwer, sich aufeinander einzustellen. Wenn sie sich unterhalten, scheint eine unsichtbare Mauer zwischen ihnen zu stehen, die echtes Zuhören (und damit auch Verstehen) unmöglich macht. Infolgedessen bleiben sie isoliert und allein und müssen sich mit oberflächlichem Geplauder begnügen. Ihre Unterhaltung erschöpft sich in der augenscheinlichen Bedeutung der Worte; die eigentlichen Emotionen und Assoziationen hinter dem Gesprochenen entgehen ihnen. Sie begegnen einander nicht auf der Ebene des Geistes; sie spüren nicht, was der Gesprächspartner möchte und braucht. Ihre Reaktionen sind deshalb zwangsläufig unangemessen und machen beim Gegenüber das Gefühl der Isolation und Einsamkeit nur noch schlimmer.

Solche Menschen fühlen sich im Endeffekt unglaublich alleingelassen. Sie können den Geist des anderen nicht wahrnehmen und haben es nicht gelernt, selbst auf der Ebene des Geistes zu kommunizieren. Wenn sie über etwas sprechen, erinnert das eher an Schattenboxen, da sie ihr Gegenüber lediglich verstandesmäßig „greifen“ können. Kein Wunder, daß Beziehungen angesichts derart schlechter Kommunikation kaputtgehen. Wenn der Geist schlummert und die Kommunikation schwierig ist, folgen Frustration und Vereinsamung auf dem Fuß. Ein

Ehepaar lebt vielleicht zusammen, verharrt jedoch in geistlicher Isolation, während ihre Beziehung zugrunde geht.

Menschen, die auf der Ebene des Geistes eins werden, die zuhören und über tiefschürfende und persönliche Dinge reden können, sind auch in der Lage, dauerhafte Beziehungen und Ehen aufzubauen. Beziehungen haben Bestand, wenn die beteiligten Partner ihre Differenzen aussprechen, Kurskorrekturen vornehmen und durch die Preisgabe des eigenen Ichs noch enger zusammenwachsen können. Kommunikation, die Beziehungen baut und aufrechterhält, ist eine der wichtigsten Funktionen des menschlichen Geistes.

Für den Seelsorger ist diese Art der Kommunikation *die* wichtigste Funktion überhaupt. Schließlich muß er in der Lage sein, sich auf sein Gegenüber einzustellen und mit ihm zu fühlen, damit sein Rat ins Schwarze trifft und dem Ratsuchenden Hilfe bringt. Wenn er sich mit seinen Worten und Ratschlägen nicht mehr in seinen Gesprächspartner hineinversetzen kann, wird jede neue seelsorgerliche Erkenntnis der Beziehung nur noch mehr schaden, weil sie zur falschen Zeit, am falschen Ort und auf die falsche Art und Weise kommt. Sein Geist muß wach genug sein, um wirklich zuhören zu können, offen genug, um Anteilnahme zu zeigen, und er muß wahrnehmen, was unausgesprochen bleibt.

Erleben, wie herrlich Sex in einer christlichen Ehe ist

Erleben Sie in Ihrer Ehe die Sexualität als eine derart erfüllende, innige und geistliche Erfahrung, daß Sie sich voll Freude ausschließlich Ihrem Mann/Ihrer Frau hingeben und nur ihn/sie als Geschlechtspartner begehren?

Für den Fall, daß es Ihnen noch nicht bewußt ist: Es liegt ein besonders herrlicher Segen auf dem Sex in einer christlichen Ehe! Diese Herrlichkeit beruht darauf, daß der Heilige Geist gleichsam mit zartem Gesang durch den Geist der Frau, durch jede Zelle ihres Körpers, dem Mann Zuspruch schenkt und ihm vermittelt, wer er ist. Die Herrlichkeit beruht auch darauf, daß der Heilige Geist gleichsam mit zartem Gesang durch den Geist des Mannes, durch jede Zelle seines Körpers, die Frau erfüllt und segnet.

Eins muß so deutlich wie nur irgend möglich gesagt werden: Bei außerehelichem Sex wird man eine solche Herrlichkeit niemals erleben. Das ist absolut unmöglich. Und wenn der Mann noch so sehr davon überzeugt ist, daß er die Frau von Herzen liebt, von ihr geliebt wird und phantastisch mit ihr kommunizieren kann – diese Herrlichkeit wird sich niemals einstellen, weil der Heilige Geist an Orten, wo Unmoral herrscht, nicht singt. Das darf nicht im geringsten in Zweifel gezogen werden.

Ein Mann entgegnet womöglich, er habe mit einer anderen Frau besseren Sex erlebt als mit seiner Ehefrau. Das kann natürlich sein, wenn er und seine Sexualpartnerin einander mit offenem Herzen begegneten, was zwischen ihm und seiner Frau noch nie der Fall gewesen war. Doch guter Sex und eine mit Herrlichkeit erfüllte Sexualität sind etwas völlig verschiedenes. Die Herrlichkeit kommt *nur* dann, wenn der Heilige Geist sich durch den Mann der Frau und durch die Frau dem Mann offenbart; diese Erfahrung kann man jedoch nur mit einem wachen Geist machen. Lesen Sie sorgfältig das fünfte Kapitel von Sprüche:

> *Trinke Wasser aus deiner eigenen Zisterne und was aus deinem Brunnen quillt.*

Sollen nach draußen verströmen deine Quellen, auf die Plätze die Wasserbäche?
Dir allein sollen sie gehören, doch keinem Fremden neben dir.
Deine Quelle sei gesegnet, erfreue dich an der Frau deiner Jugend!
Die liebliche Hirschkuh und anmutige Gemse – ihre Brüste sollen dich berauschen jederzeit, in ihrer Liebe sollst du taumeln immerdar!
Warum solltest du, mein Sohn, an einer Fremden taumeln und den Busen einer anderen umarmen? (Spr 5,15-20)

Ihr Ehemänner, Eure Frau ist die Quelle, die Gott Euch gegeben hat! Sie ist Eure Zisterne, aus der ihr trinkt. Ihr Geist ist da, um Euch zu erfrischen. Frauen haben das, was unser Sohn Loren gern „weibliche Weiblichkeit" nennt. Das hat nun nichts mit der Oberweite zu tun, sondern ausschließlich mit dem Fluß des Geistes. Vom Busen einer Frau geht eine erfrischende Kraft aus.

Als Pastor und Seelsorger komme ich (John) oft vom Dienst an anderen Leuten nach Hause und fühle mich total erschöpft. Ja noch mehr: Manchmal kommt es mir vor, als hätte ich alles von mir hergegeben, bis kein Funken Mensch-Sein mehr in mir ist. Ich bin nicht mehr in der Lage, wie ein Mensch mit meinen Kindern umzugehen. Mein Inneres scheint im Sterben zu liegen. Dann brauche ich körperliche Nähe. Wenn ich in diesem Zustand bin und meine Frau Paula anfängt, auf mich einzureden, redet sie an mir vorbei. Doch wenn sie mich herzlich umarmt, spüre ich, wie ihr Geist in mich hineinströmt. So komme ich wieder auf Vordermann, finde Bestätigung meiner Identität und erlange neue Freude und Lebenskraft.

Selbstverständlich ist der Heilige Geist die erste und wichtigste Quelle der Erfrischung; doch in den meisten Fällen erfrischt er uns auf einer menschlichen Ebene durch unsere Ehepartner. Er will es so. Damit möchte ich allen Frauen sagen: Wenn Ihr Mann nach Hause kommt, dann fangen Sie nicht an, auf ihn einzureden. Schließen Sie ihn in Ihre Arme und halten Sie ihn fest. Lassen Sie ihn ruhig glauben, Sie bräuchten das, doch er braucht es genauso, wenn nicht mehr als Sie.

Da wir auch hier mit beiden Beinen fest auf dem Boden stehen und praktisch denken möchten, sagen wir zu jungen Ehepaaren immer, daß Schlafanzüge hervorragend dazu geeignet seien, sie im Falle eines Feuers an die Bettpfosten zu hängen. Kleidung isoliert den Fluß der „Elektrizität" des menschlichen Geistes.

Ehepaaren raten wir, sich ohne Worte und eng aneinander zu schmiegen. So kann ein Geist dem anderen sein Lied zusingen und ihn erquicken. Falls Sie die Herrlichkeit der Sexualität in einer christlichen Ehe wirklich erleben, werden Sie selbst erkennen, daß sie so gut, so rein, so heilig und so begeisternd ist, daß es einem buchstäblich den Atem verschlägt. Diese Herrlichkeit ist das beste Mittel gegen Unmoral. Die Heilige Schrift findet sehr klare Worte für die Torheit des Ehebruchs:

> *Wer aber Ehebruch treibt mit der Frau seines Nächsten, ist ohne Verstand. Nur wer sich selber vernichten will, der mag das tun.* (Spr 6,32)

> *Denn aus dem Herzen kommen hervor böse Gedanken: Mord, Ehebruch, Unzucht, Dieberei, falsche Zeugnisse, Lästerungen ..." (Mt 15,19)*

> *Flieht die Unzucht! Jede Sünde, die ein Mensch begehen mag, ist außerhalb des Leibes; wer aber Unzucht treibt, sündigt gegen den eigenen Leib. Oder wißt ihr nicht, daß euer Leib ein Tempel des Heiligen Geistes in euch ist, den ihr von Gott habt, und daß ihr nicht euch selbst gehört? Denn ihr seid um einen Preis erkauft worden; verherrlicht nun Gott mit eurem Leib.* (1 Kor 6,18-19)

Ehebruch bringt es unweigerlich mit sich, daß wir unseren unrechtmäßigen Geschlechtspartner zwingen, uns über uns selbst zu belügen. Die Suche nach der eigenen Identität und Zugehörigkeit wird durch Ehebruch nur noch verwirrender. Paulus erklärt ja in 1.Korinther 6,15, daß bei der sexuellen Vereinigung auch der Geist des einen Geschlechtspartners mit dem des anderen vereint wird. Sexuelle Vereinigung mit mehr als einem Geschlechtspartner zerreißt den Geist, bewirkt eine gespaltene Einstellung zu sich selbst, übt Verrat an der Heiligkeit der ehelichen Beziehung und verunreinigt die Unantastbarkeit des Körpers als Wohnstatt des Heiligen Geistes. Was für ein gewaltiger Preis für eine Lustbefriedigung!

Leider sind viele Menschen der Lüge auf den Leim gegangen, es sei völlig unerheblich, was man mit seinem Körper tue. „Was ist schon dabei?“, sagen sie. „Das ist doch bloß ein bißchen Hautkontakt mit einem anderen Menschen. Solange beide Partner erwachsen sind und der Beziehung zustimmen, ist das okay, oder?“ So denkt ein verkümmertes Gewissen – die gefühllose Argumentation eines menschlichen Geistes, der das Leben nur oberflächlich wahrnimmt.

Sex bei jeder sich bietenden Gelegenheit oder zur bloßen Entspannung ist die Kapitulation vor einem Ich, das sich mit dem Minimalen zufriedengibt. Ein solches Ich ist blind für die visionäre Sicht, wie herrlich eine sexuelle Beziehung sein kann, wenn sie von Gott gesegnet und mit dem Wissen um ihre heilige Kostbarkeit ausgeübt wird. Jeder von uns tut sich schwer, sich dem verlockenden und besitzergreifenden Schönheitsideal unserer Zeit zu entziehen. Wir haben die fixe Idee, schlanke, junge Körper seien die Norm, wenn es um Sexualität geht. Wenn eine Frau mehrere Kinder zur Welt gebracht hat und ihre Figur nicht mehr so makellos ist wie früher, kann es leicht geschehen, daß sich ihr Mann zu einem jungen, hübschen Mädchen hingezogen fühlt, das ihm über den Weg läuft. Ohne einen wachen Geist, der sein Gewissen aktiviert, handelt dieser Mann womöglich impulsiv und beginnt eine außereheliche sexuelle Beziehung. Damit tritt er die Herrlichkeit in den Schmutz. Die traurige Moral von der Geschichte ist oft, daß er vielleicht gar nicht erkennt, daß diese Herrlichkeit in seinem Leben schon vorhanden war ...

❦ **Herr**, entreiß' mich der Tyrannei meiner drängenden Probleme und Wünsche. Hilf' mir, mich verantwortungsbewußt an vergangene Ereignisse zu erinnern und daraus Hoffnung für morgen zu bekommen. Schenk' mir die Fähigkeit, anderen Menschen zu begegnen, über die verbale Ebene hinaus mit ihnen zu kommunizieren, meine eigenen Gefühle und vor allem die Gefühle anderer zu erkennen.

Lehre mich, wie heilig und herrlich innige Sexualität ist. Befreie mich von der Angst vor Verletzbarkeit und der Gier nach Befriedigung meines Ego. Befähige mich, meinen Ehepartner mit jeder Zelle meines Seins zu schätzen, zu genießen und zu segnen.

Vergib' mir meine sexuellen Sünden der Vergangenheit, mit denen ich Gott, andere Menschen und mich selbst verletzt habe. Trenne meinen Geist vom Geist jeder anderen Person, mit der ich intim war. Mach' mich rein und gib' mir die Fähigkeit, mich von ganzem Herzen einzig und allein nach meinem Ehepartner zu sehnen.

❦

Praktische Anwendung: **Die Beziehung zu anderen Menschen**

1. Wiederholen Sie die vier Merkmale eines wachen Geistes, die in diesem Kapitel besprochen wurden. Stufen Sie sich selbst auf einer Skala von 1 bis 5 ein, inwieweit Ihr Geist Ihrer Meinung nach in den jeweiligen Bereichen wach ist bzw. noch schlummert. Kreuzen Sie die zutreffende Zahl an (1 = am wenigsten wach, 5 = am wachsten).

   „Projektionsfähigkeit"
   1 2 3 4 5

   Tief empfundene, persönliche Kommunikation mit anderen Menschen pflegen
   1 2 3 4 5

Dauerhafte, persönliche Beziehungen pflegen
1 2 3 4 5

Erleben, wie herrlich Sex in einer christlichen Ehe ist
1 2 3 4 5

2. Lassen Sie sich nun von Ihrem Ehepartner oder einem engen Freund anhand derselben Skala einstufen, ohne ihm vorher Ihre eigenen Antworten zu zeigen.

3. Schreiben Sie drei Lektionen auf (oder besprechen Sie sie mit Ihrer Gruppe), die Sie aus Fehlern im Umgang mit anderen Menschen gelernt haben und die Ihnen helfen, dieselben Fehler jetzt nicht mehr zu machen.

4. In welchen Lebensbereichen sind Sie Ihrer Meinung nach am anfälligsten dafür, Entscheidungen zu treffen, ohne vorher eingehend über die Konsequenzen nachzudenken?

Besprechen Sie mit Ihrer Gruppe oder einem Freund, was dazu notwendig wäre, daß Sie umsichtigere und vernünftigere Lebensentscheidungen treffen können.

5. Beschreiben Sie, was Sie *fühlen*, wenn es darum geht, sehr persönliche Dinge und Anliegen mit anderen Menschen zu teilen. Ist es schmerzlich für Sie, sich selbst zu offenbaren und sich verletzbar zu machen, oder empfinden Sie das als erfrischend und auferbauend? Haben Sie mehrere Freunde, mit denen Sie regelmäßig Herzensanliegen austauschen? Wodurch bekämen Sie noch größere Freiheit, im Austausch mit anderen persönliche Dinge mitzuteilen?

6. Tut es Ihnen leid, daß Sie den Kontakt zu Menschen verloren haben, die für Sie früher enge Freunde waren? Warum ist dieser Kontakt abgebrochen? Möchten Sie diese Beziehungen wieder aufbauen? Wenn ja, schreiben Sie sich die Namen von drei Menschen auf, mit denen Sie noch in dieser Woche telefonisch oder brieflich Kontakt aufnehmen werden, um die Beziehung wieder in Gang zu bringen! Berichten Sie Ihrer Gruppe oder einem Freund von diesem Vorhaben, damit Sie einerseits Ermutigung erfahren und andererseits für die tatsächliche Ausführung zur Rechenschaft gezogen werden.

7. Welche *Gefühle* haben Sie über die Rolle der Sexualität in Ihrem Leben? Ist Sex für Sie eine herrliche und heilige Erfahrung? Zu welchen konkreten Schritten und Verhaltensänderungen sind Sie bereit, um Ihr Geschlechtsleben auf eine höhere geistliche Ebene zu bringen?

Sprechen Sie mit Ihrem Partner über die Beziehung zwischen Sex und Ihrer geistlichen Wachheit und Erkenntnis. Denken Sie darüber nach, ob dieses Thema in Ihren Augen bedeutsam genug ist, um es gemeinsam mit einem Seelsorger anzupacken.

8. Falls Sie vor oder während Ihrer Ehe die Herrlichkeit und Einzigartigkeit der ehelichen Sexualität durch Sex mit anderen in den Schmutz getreten haben, gehen Sie zu jemandem, dem Sie vertrauen können (bevorzugt zu einem Pastor oder Geistlichen) und tun Sie Buße über das, was Sie getan haben (vgl. Jak 5,16).

Bitten Sie, daß man Ihnen auf der Grundlage von Johannes 20,23 Vergebung zuspricht.

Bitten Sie um Gebet, daß Ihr Geist von jeder Person, mit der Sie sich unrechtmäßig vereinigt haben, getrennt werde, damit Sie für Ihren Ehepartner befreit und geheiligt werden (vgl. Mt 16,19; 18,18).

Kapitel 5

Sich selbst verstehen

Gesund bleiben

Würden Sie sich als gesunden Menschen mit einer positiven Grundeinstellung zum Leben charakterisieren? Werden Sie nach leichten Krankheiten schnell wieder fit oder kommen Sie nur langsam auf die Beine?

Die körperliche Gesundheit eines Menschen hängt ohne jeden Zweifel mit dem Zustand seines Geistes zusammen. Die Bibel spricht klar und deutlich von dieser Wechselwirkung:

> *Eines Mannes Geist erträgt seine Krankheit; aber einen niedergeschlagenen Geist, wer richtet den auf?* (Spr 18,14)

> *Mein Sohn, auf meine Worte achte, meinen Reden neige dein Ohr zu! Laß sie nicht aus deinen Augen weichen, bewahre sie im Innern deines Herzens! Denn Leben sind sie denen, die sie finden, und Heilung für ihr ganzes Fleisch. Mehr als alles, was man sonst bewahrt, behüte dein Herz! Denn in ihm entspringt die Quelle des Lebens.* (Spr 4,20-23)

Ist Ihnen schon einmal aufgefallen, daß manche Menschen vor einer Krankheit regelrecht kapitulieren? Wenn sie krank werden, sind sie absolut am Ende. Die Krankheit wirkt sich bis in ihr tiefstes Inneres aus und sie haben nur wenig Widerstandskraft, um schnell wieder gesund zu werden. Die Krankheit ist langwierig und scheint sie nicht loslassen zu wollen.

Es gibt aber auch Leute, deren Geist unverwüstlich zu sein scheint. Sie sind nur selten krank und selbst wenn sie sich einmal nicht gut fühlen, bewahren sie sich eine fröhliche und positive Einstellung zum Leben. Weil sie in allem etwas Gutes sehen, ist es eine Wohltat, mit ihnen beisammen zu sein.

Vor einigen Jahren nahm ein Freund von uns an einem medizinischen Kongreß teil und erzählte uns nachher, welche Erkenntnisse er aus den dort erörterten Forschungsergebnissen gewonnen hätte. Man hatte Menschen untersucht, die gleich alt waren, dieselben Krankheiten und vergleichbare Lebensumstände hatten und ging der Frage auf den Grund, warum einige viel langsamer genesen als andere oder überhaupt nicht mehr gesund werden. Die Studie zeigte, daß die Patienten, die am schnellsten genesen, auch eine positive und dankbare Haltung zum Leben haben.

Diese Erkenntnis ist alles andere als eine Überraschung. Vergessen Sie nicht, daß der Geist die fundamentale Lebenskraft unserer Existenz ist. Jeder von uns wurde von Gott als lebendiges Wesen geschaffen, dessen Körper, Denken, Seele und Geist miteinander vernetzt worden sind und ein herrliches, harmonisches Ganzes ergeben sollen. Wenn der Geist in seiner Entwicklung verkümmert, hat das unmittelbare Auswirkungen auf die Fähigkeit des Körpers, gesund zu bleiben.

Krankheit befällt jeden Menschen. Früher oder später wird jeder von uns einmal krank. Und aus Gründen, die wir nicht verstehen, werden sogar die gottesfürchtigsten Menschen oft von schweren, leidvollen, ja sogar todbringenden Krankheiten angegriffen. Aber es wurde hinlänglich dokumentiert, daß sich der Lebenswille und die feste Entschlossenheit, eine Krankheit mit einer positiven Grundeinstellung zu bekämpfen, oft auf dramatische Weise auf die Widerstandskraft einer Person auswirken.

Ein dynamischer, kräftiger Geist speist den Willen des Menschen, ein positives und gesundes Leben zu führen. Wenn man einen schlummernden Geist wecken kann, wird sich auch die Fähigkeit des Körpers, gesund zu werden und zu bleiben, erheblich verbessern.

Aus genau diesem Grund stehen in Rehabilitationskliniken für kranke und verletzte Menschen alle möglichen stimulierenden Aktivitäten auf dem Tagesplan, mit denen die geistige Vitalität der Patienten gesteigert werden soll. Musik, Lesen, Basteln, Spiele, Gruppeninteraktion, Unterhaltungsprogramme, Ausflüge, Gottesdienste, Seelsorge – all das nährt den Geist.

Diese Aktivitäten fördern ein Ineinandergreifen von Geist und Körper, das Heilung möglich macht.

In manchen Rehabilitationszentren gibt es sogar Haustiere, mit denen die Patienten spielen können. Ein drolliger und freundlicher Hund kann wahre Wunder wirken, um im Menschen das Gefühl, bedingungslos geliebt und angenommen zu werden, wieder zu wecken. Krebspatienten werden oft einer Massagetherapie unterzogen, weil die sanfte Berührung einer Hand Spannungen lösen, den Geist erneuern und sowohl emotionale als auch körperliche Heilung unterstützen kann.

Menschen mit wachem Geist sind aktiv, lebhaft und genießen das Leben, sie haben Spaß, pflegen den Austausch mit Freunden und Familienangehörigen. Diese Lebhaftigkeit hilft ihnen, gesund zu bleiben.

Wie schätzen Sie sich ein? Wie ist es ganz allgemein um Ihre Gesundheit bestellt? Halten Sie sich für ungewöhnlich krankheitsanfällig? Sind Sie oft deprimiert und tun Sie sich schwer, das Leben von der positiven Seite zu sehen? Geht es nach Erschöpfung, Erkältung oder Grippe nur sehr langsam wieder aufwärts? Wenn ja, ist es vielleicht ein schlummernder Geist, der Ihnen die körperliche Vitalität entzieht.

Ein echtes und funktionsfähiges Gewissen als Richtschnur haben

Hat Ihr persönliches Gespür für richtig und falsch Kraft genug, um Sie bei moralischer und ethischer Gefahr zu alarmieren und Sie in die Lage zu versetzen, gute Entscheidungen zu treffen und somit Schwierigkeiten zu meiden? Oder wird Ihr Gewissen erst im nachhinein aktiv und sagt Ihnen, was Sie falsch gemacht haben?

Dies ist vielleicht das wichtigste Merkmal eines wachen Geistes, denn um unsere Funktionen in dieser Welt – d. h. unsere Beziehung zu Gott und die Interaktion mit unseren Mitmenschen – wahrnehmen zu können, ist das Gewissen unabdingbar.

Es gibt zwei Arten von Gewissen: das „Reuegewissen" und das „echte Gewissen". Ein **Reuegewissen** wird Ihnen bei der Vermeidung von Schwierigkeiten nur wenig helfen, weil es erst nach einer Tat aktiv wird und Ihnen sagt, was Sie falsch gemacht haben. Es wirkt aus dem Fleisch heraus (d. h. aus der Bindung an die Erfordernisse des Gesetzes und aus dem Kampf des inneren Menschen mit „gesetzeswidrigen" Wünschen heraus). Ein Reuegewissen artikuliert sich vor allem mit den Worten: „Es tut mir leid. Ich hab' etwas falsch gemacht." Ein Mensch mit einem Reuegewissen ist sich nur unzureichend darüber im klaren, wie sein falsches Handeln andere Menschen im einzelnen in Mitleidenschaft zieht. Ihm geht es in erster Linie darum, auf welche Weise akzeptierte Verhaltensmaßstäbe verletzt wurden. Ein Reuegewissen bewirkt keine echte Buße und liefert das Herz nicht Christus aus, damit das alte Ich zum Tod ans Kreuz gebracht werden könnte. Infolgedessen kann ein Reuegewissen niemals innere Heilung bewirken.

Ein **echtes Gewissen** hingegen wirkt aus dem wachen Geist des Menschen heraus. Es tritt schon vor der Tat in Aktion, um Sie von Schwierigkeiten fernzuhalten. Es ruft: „Warnung! Warnung! Warnung!", um Sie auf die Gefahr einer Versuchung hinzuweisen und auf den Schmerz aufmerksam zu machen, den Ihr falsches Handeln bei anderen Menschen bewirken kann. Ein echtes Gewissen kann Ihnen auch nach einer Tat aufzeigen, was

Sie einem anderen Menschen angetan haben. Es kann Sie dazu veranlassen, mit ihm zu fühlen und zu leiden, und zwar um seinetwillen und nicht nur, weil Sie das Gesetz Gottes gebrochen haben.

Folgendes Beispiel für die Funktionsweise eines echten Gewissens wäre denkbar: Sie befinden sich in einer Veranstaltung mit vielen Teilnehmern; Ihr Blick fällt auf eine Dame mit einem großen Portemonnaie. Sie ist gut gekleidet und hat vermutlich viel Geld in diesem Portemonnaie. Nehmen wir nun an, alle Teilnehmer verlassen in der Pause den Raum, und die Dame läßt ihre Geldbörse neben ihrem Stuhl am Boden liegen. Sie sind allein im Raum. Was hält Sie davon ab, das Portemonnaie zu stehlen?

Das Gesetz sagt: „Du sollst nicht stehlen." Doch Sinn des Gesetzes ist nicht, uns vom Sündigen abzuhalten, oder? Das Gesetz soll uns nicht die Kraft schenken, die Sünde zu meiden, sondern uns vielmehr von der Sünde überführen. Wird die Angst Sie zurückhalten? Vermutlich nicht! Schließlich sind Sie ja ziemlich mutig und clever.

Was ist in der Lage, Sie davor zu bewahren, die Geldbörse zu stehlen? Der Herr lebt in Ihrem Geist, und wenn Ihr Geist wach ist, schenkt der Herr Ihnen Liebe für andere Menschen. Wenn Sie dieser Dame das Portemonnaie wegnähmen, würden Sie sie damit sehr verletzen. Weil Sie Jesus Christus lieben und weil seine Liebe in Ihrem Geist Liebe für diese Dame entfacht, können Sie sich nicht gestatten, die Börse zu stehlen.

In diesem Zusammenhang sollte man noch einen weiteren Aspekt erwähnen: Jesus sagte, das höchste Gebot sei, seinen Nächsten zu lieben wie sich selbst. In dieser Aussage schwingt der Gedanke mit, man solle sich selbst lieben. Wir sollten uns über unsere Integrität so freuen und unsere hohe Berufung als Jünger Jesu so genießen, daß wir uns selbst durch die Entscheidung für eine Tat, die unserer Erkenntnis nach definitiv falsch ist, nicht selbst beflecken können.

Gott hat uns seinen Geist gegeben. Daran können wir erkennen, daß wir mit ihm verbunden sind und er mit uns.
(1 Joh 4,13; Gute Nachricht)

Unser echtes Gewissen ist eine Hilfe bei der Entscheidung für das Richtige, weil die Liebe Gottes in uns brennt. Das Falsche können wir nicht tun, weil es Jesus Christus und unseren Mitmenschen verletzen würde. Wenn uns ein echtes und funktionsfähiges Gewissen von der Sünde abhält, hat das keine egozentrischen Gründe. Das ist vielmehr darauf zurückzuführen, daß die Liebe Gottes das Gewissen drängt, beim Handeln an die anderen Menschen zu denken. Es ist somit ein soziales Gewissen, das aus einem wachen Geist heraus geboren wird.

Menschen mit schlummerndem Geist können sich nur mangelhaft vergegenwärtigen, was andere Menschen fühlen, oder welche (verletzenden) Konsequenzen eine bestimmte Tat für Mitmenschen haben würde. Ein schlummernder Geist behindert die Entwicklung eines echten und funktionierenden Gewissens, auch bei Menschen, bei denen man es am wenigsten erwarten würde (wie z. B. bei geistlichen Leitern).

Das hilft uns zu verstehen, weshalb z. B. die bereits erwähnten Evangelisten und Pastoren, die es sich angewöhnt haben, auf ihren Reisen von Stadt zu Stadt mit verschiedenen Frauen ins Bett zu gehen, dennoch geistlich erfolgreich sind. Der Heilige Geist kommt über einen Menschen, und, wie die Heilige Schrift sagt, „das Geschenk eines Menschen schafft ihm weiten Raum" (Spr 18,16).

So ein Mann reist umher, predigt, lehrt und evangelisiert, hat sich jedoch noch nie mit den Tiefen seines eigenen Herzens befaßt, um für die Ursachen seines schlummernden Geistes Heilung zu empfangen. Der Heilige Geist liegt auf ihm und wirkt durch seinen Verstand und durch seine Hände. Er kann hervorragend predigen und lehren und mit Handauflegung heilen, doch sein eigener Geist schläft.

Damit wäre auch die Frage beantwortet, die schon oft gestellt wurde: „Ich dachte immer, es sei die vornehmliche Aufgabe des Heiligen Geistes, unseren Geist zu beflügeln und zum Leben zu führen. Warum sind solche Menschen dann nicht wach, wenn sie den Heiligen Geist haben?"

Wir konfrontierten uns mit dieser Frage, brachten sie vor den Herrn, und er stellte uns den Sachverhalt folgendermaßen dar:

Der Geist eines Menschen kann eine „Verhärtung" aufweisen. Stellen Sie sich vor, wie der Heilige Geist einen Menschen durchströmt. Er durchströmt sein Denken, und jener hält eine großartige Predigt; er durchströmt seinen Körper, und jener kann mit Handauflegung Kranke heilen; er durchströmt seine Emotionen, und jener kann die Herzen der Menschen bewegen. Doch der Geist dieses Menschen steht hart und fest wie ein Felsbrocken mitten in einem Fluß.

Das Wasser fließt um den Felsbrocken herum, vermag ihn jedoch nicht zu bewegen. Das Wasser umgibt und umspült den Felsen, vermag ihn jedoch nicht zu durchdringen. Manche Menschen sind so: Der Heilige Geist umgibt sie von allen Seiten und wirkt sogar durch sie, doch ihre eigene persönliche Gefühlswelt bleibt davon unberührt.

Führen Sie sich vor diesem Hintergrund noch einmal die Worte Jesu zu Gemüte:

> *Viele werden an jenem Tage zu mir sagen: Herr, Herr! Haben wir nicht durch deinen Namen geweissagt und durch deinen Namen Dämonen ausgetrieben und durch deinen Namen viele Wunderwerke getan? Und dann werde ich ihnen bekennen: Ich habe euch niemals gekannt. Weicht von mir, ihr Übeltäter!* (Mt 7,22-23)

❦ **Herr**, ich erkenne, daß sich der Inhalt meines Denkens, der Zustand meines Herzens und vor allem meines Geistes nachhaltig auf meine körperliche Gesundheit auswirkt.

Erforsche mein Innerstes und hilf' mir, meine Sünde zu erkennen. Ich bitte um die Gabe einer tiefen Buße. Gib' mir die Widerstandskraft deiner liebevollen Gnade. Leg' einen neuen und richtig gesinnten Geist in mich hinein, Herr, damit sich an meinem Körper widerspiegelt, wie meine Gesundheit von innen nach außen wiederhergestellt wird.

Laß' mein Gewissen schon vor der Tat anschlagen, gleichgültig, ob ich versucht bin, gegen mich selbst oder gegen andere zu sündigen.

Weck' meinen Geist, damit ich mich mit dem Schmerz identifizieren kann, den mein Handeln Gott und meinen Mitmenschen zufügen würde.

❦

Praktische Anwendung: Sich selbst verstehen

1. Wiederholen Sie die beiden Merkmale eines wachen Geistes, die in diesem Kapitel besprochen wurden. Stufen Sie sich selbst auf einer Skala von 1 bis 5 ein, inwieweit Ihr Geist Ihrer Meinung nach im jeweiligen Bereich wach ist bzw. noch schlummert. Kreuzen Sie die zutreffende Zahl an (1 = am wenigsten wach, 5 = am wachsten).

Gesund bleiben
1 2 3 4 5

Ein echtes und funktionsfähiges Gewissen als Richtschnur haben
1 2 3 4 5

2. Lassen Sie sich nun von Ihrem Ehepartner oder einem engen Freund anhand derselben Skala einstufen, ohne ihm vorher Ihre eigenen Antworten zu zeigen. Wo decken sich Ihre Einschätzungen?

3. Halten Sie sich allgemein für einen gesunden oder eher einen kränklichen Menschen? Wie reagiert Ihr Herz, wenn Sie gefragt werden: „Na, wie geht es dir heute?“, und Sie mechanisch antworten: „Gut!“? Inwieweit könnten Ihrer Meinung nach Ihre wahren Gefühle den Zustand Ihres Geistes widerspiegeln?

4. Rekapitulieren Sie die beiden Arten von Gewissen, die in diesem Kapitel beschrieben wurden. Welche Art ist eher typisch für Sie? Was könnten Sie konkret unternehmen, um sensibler auf die Entwicklung eines echten und funktionsfähigen Gewissens zu achten?

5. Waren die Einstufung Ihres Geistes anhand der Skala von eins bis fünf und die Rückschlüsse auf seinen Zustand für Sie schmerzhaft, aufschlußreich oder beides zusammen? Welche schlummernden Bereiche machen Ihnen am meisten Sorgen?

6. Sprechen Sie über Ihre Einstufung und die damit zusammenhängenden Gefühle mit einem befreundeten Christen oder mit Ihrer Gruppe. Können Sie in Ihrer Selbsteinschätzung einen roten Faden entdecken, der darauf schließen läßt, wo Ihr Geist am meisten Nahrung braucht?

7. Sprechen Sie mit Mitgliedern Ihrer Gruppe oder einem Freund darüber, wie sie Ihnen helfen könnten, einen wacheren Geist zu bekommen. Machen Sie sich eine Liste der einzelnen Vorschläge.

Beten Sie mit Freunden oder Mitgliedern Ihrer Gruppe über dieser Liste. Lassen Sie sie gemeinsam mit Ihnen laut dafür beten, daß Ihr Geist geweckt wird.

Kapitel 6

Stärkung und Förderung der geistlichen Vitalität von Kindern

Kühler Wind auf dem Gesicht
Zerzaust mein Haar.
Ich bin in einer anderen Welt,
Brause durch Raum und Zeit,
Auf dem Rücksitz unseres Wagens.
Ich schmiege mich eng an meine Mutter,
Spüre ihre Wärme, ihre Hand in meiner.
Still erkunde ich die Falten auf ihrer Haut,
Die feinen Adern, die sanft gewölbte Hand.
Ich folge den Lebenslinien,
Die kommen und gehen,
Bis zum steilen Grat der Fingernägel,
Weich und fest.
Vor allem staune ich jedoch,
Was es mit Müttern, Vätern, Familien auf sich hat;
Mit Händen und sanften Berührungen,
Und mit der Liebe.
Wir sitzen eng nebeneinander
Und fliegen durch die Nacht,
Halten uns bei den Händen und staunen,
Wie herrlich es doch ist,
Sich einfach nur zu spüren.
So einfach und doch zutiefst wohltuend.

– Norm Bowman

Mit geistlicher Nahrung können wir in einem jungen Leben das konkrete Bewußtsein eines liebenden Gottes wecken. Dabei staunen wir gemeinsam Schritt für Schritt und Tag für Tag darüber, wie wir miteinander, mit unserer Umwelt und mit Gott, dem Schöpfer und Bewahrer allen Lebens, verbunden sind.

Durch unsere Zuwendung wird der Geist nicht gezeugt. Aber wir schaffen das liebevolle und fruchtbare Umfeld, in dem sich der Geist eines Kindes ganz natürlich entwickeln kann. Unser Geist ist der Hauch des Lebens in uns. Dieser Hauch oder Wind Gottes, der in uns weht und uns Leben schenkt, wird mit dem hebräischen Wort *ruach*, bzw. dem griechischen Wort *pneuma* bezeichnet. Möchte man aktiv mitwirken und den Geist des Kindes nähren, muß man stets ein einfühlsames, offenes Herz für den wunderbaren natürlichen Entdeckerdrang des Kindes und seine Begeisterung für alles Lebendige haben; es gilt, seine emotionale Empfindsamkeit und die Ausdrucksformen seiner Gefühle zu fördern, nicht sie niederzuschlagen und zu ersticken.

Die Qualität unserer Förderung und Zuwendung ist der wichtigste Einzelfaktor, der sich auf die zukünftige geistliche und geistige Gesundheit und das umfassende Wohl unserer Kinder auswirkt.

Da sich ein Großteil unseres Alltags in scheinbar gewöhnlichen Tätigkeiten erschöpft, ist es nicht leicht, sich kontinuierlich auf das Wunder und die Verantwortung, Kinder geistlich zu nähren, zu konzentrieren. Das gilt vor allem in anstrengenden Zeiten, wenn man nachts aufgeweckt wird, wenn man Windeln wechseln, Geschirr spülen und ein Baby mit Blähungen stundenlang wiegen muß. Doch was wir mit und für unsere Kinder tun, vor allem in der Zeit zwischen der Geburt und dem sechsten Lebensjahr, wird einen prägenden Einfluß auf ihr restliches Leben haben.

Zentrale Inhalte geistlicher Nahrung:

♦ Durch reichlichen, liebevollen Körperkontakt (Ur)vertrauen schaffen

♦ Das Kind an liebevolle Disziplin gewöhnen

♦ Sich als Erwachsener Entdeckerfreude bewahren und diese auch im Kind fördern

♦ Tragfähige Familienstrukturen aufbauen

♦ Grundhaltungen und Verhaltensmuster vermitteln und vorleben

♦ So reden, daß sich das Kind öffnet und zuhört

❦ (Ur)vertrauen schaffen

Ein Kind lernt zu vertrauen, indem es sich sicher fühlt. Sanftes und rücksichtsvolles Festhalten, körperliche Nähe, Kuscheln, Liebe und Spiel vermitteln dieses Gefühl. Kleinkinder brauchen diesen Körperkontakt, um schrittweise Verbindungen zu anderen Menschen neben sich und der Mutter aufzubauen. Im Idealfall sind es sowohl die Eltern als auch andere Familienangehörige, die das Kind herzlich drücken und liebkosen. Der Vater hat, wie bereits erwähnt, eine ganz besondere Verantwortung, indem er seine gottgegebene Rolle als Elternteil und geistlicher „Miternährer" übernimmt.

Manche Väter haben Angst, wissen nicht, was sie mit dem Kind anfangen sollen oder haben ein falsches Rollenverständnis; das hat zur Folge, daß sie ihre Kinder aus einiger Entfernung bewundernd beobachten, die körperliche Fürsorge jedoch ganz und gar der Mutter überlassen. Väter sollten sich darüber im klaren sein, daß Babys ihr Interesse und ihren liebevollen Körperkontakt brauchen. Ein Baby braucht die Anwesenheit des Vaters, seine Aufmerksamkeit, seine Zuwendung und seinen Zuspruch, um dieses einfache Urvertrauen und die ersten Gefühle einer Gemeinschaftszugehörigkeit zu entwickeln, die für einen wachen Geist so immens wichtig sind.

Andererseits gibt es sehr junge Väter, die so überglücklich und überschwenglich sind, daß sie voller Tatendrang mit ihrem Neugeborenen spielen wollen und dabei etwas zu forsch sind. Wildes Hin- und Herschaukeln, das Baby in die Luft werfen und es wieder auffangen oder es fallenlassen und auf halbem Weg wieder auffangen – all das sieht recht lustig aus und wird beim Kind definitiv eine Reaktion hervorrufen. Doch dieser etwas rauhe Umgang mit einem Baby wird in ihm vermutlich nicht die Sicherheit und das Vertrauen fördern, die es für seine Entwicklung braucht.

Es ist besser, das Kind sanft zu wiegen, es dabei fest und sicher in den Armen zu halten und auf andere, nicht bedrohliche Art und Weise zu stimulieren. Mit zunehmendem Alter wird das Kind stärker reagieren und ausgelassener spielen; dann wird es Ihnen ganz natürlich vermitteln, wenn es für größere Abenteuer bereit ist.

Wenn aus dem Kleinkind ein Kind wird, erfährt der Begriff „Vertrauen“ eine Bedeutungserweiterung: Körperliche Nähe ist nach wie vor wichtig, und Spielzeiten sind eine natürliche Ausdrucksform dieser körperlichen Vertrautheit. Doch nun müssen sich Kinder auch in einer elterlichen Liebe sicher und geborgen fühlen, die auf andere Weise ausgedrückt wird. Da sein, aufmerksam sein, konsequent sein und uneigennützig fair sein – das sind die Grundbausteine, die im Kind Vertrauen schaffen.

♦ Ein Kind, das Großvater oder -mutter, oder auch ein Haustier verliert, braucht vermutlich verstärkt die Zusicherung, daß Sie es nicht verlassen werden.

♦ Ein Kind, dessen Eltern sich trennen oder scheiden lassen, braucht besonders viel Aufmerksamkeit, um die mit dem Verlust einhergehende Unsicherheit zu überwinden und um zu verstehen, daß es an den Problemen der Eltern nicht schuld ist. Wenn mehr Eltern verstünden, welche negativen Auswirkungen eine Scheidung auf Kinder haben kann, würden sie vielleicht härter daran arbeiten, ihre Ehe um des Wohlergehens ihrer Kinder willen zu retten.

♦ Ein Kind, dessen Eltern beide viel arbeiten, braucht besondere Zeiten, in denen man ihm ungeteilte Aufmerksamkeit schenkt, um nicht das Gefühl zu bekommen, es sei ein unwichtiger Mensch inmitten einer beschäftigungssüchtigen Welt. Ein Kind muß wissen und sich darauf verlassen können, daß es für die Menschen, die es lieben, etwas ganz Besonderes ist.

♦ Ein Kind muß sich darauf verlassen können, daß seine Eltern stets glaubwürdig sind. Es ist für das Kind absolut notwendig, daß Versprechen gehalten werden und konsequent Disziplin geübt wird; es muß sehen und erleben, daß seine Eltern praktisch umsetzen, was sie predigen.

❦ Das Kind an liebevolle Disziplin gewöhnen

Disziplin ist zwar ein wesentlicher Bestandteil der Kindererziehung, aber es gibt gewaltige Unterschiede: Einerseits gibt es in angemessener Weise „eins hinten drauf" als Korrektur für gefährliches oder ungebührliches Verhalten; andererseits findet man bisweilen die wiederholte Einschüchterung und Mißhandlung in Form einer gewalttätigen „Tracht Prügel". Beide Formen sind klar voneinander abzugrenzen.

Der gesunde Menschenverstand sollte uns sagen, daß man ein Neugeborenes nicht wie ein älteres Kind behandeln kann, das für seine Taten bereits zur Rechenschaft gezogen werden kann. Schließlich ist ein Baby keine vernünftig denkende Person, die sich willentlich zum Ungehorsam entscheidet. Es schreit, wenn es hungrig ist, wenn es sich nicht wohl fühlt oder Schmerzen hat; dann braucht es liebevolle Fürsorge, um seine Not zu lindern. Dem Baby den Hintern zu versohlen, es zu schütteln, es zornig anzubrüllen oder auf andere Weise physischen Zwang auszuüben, um es zu züchtigen, weil es schreit, hat im Rahmen einer gesunden geistlichen Förderung und Stärkung absolut nichts zu suchen. In dieser Entwicklungsphase ist ein Kind weder absichtlich ungehorsam noch in der Lage, den Grund für ein solches Vorgehen zu begreifen. Es bleibt ihm nichts anderes übrig, als mit noch mehr Unbehagen, Verwirrung und Unsicherheit zu reagieren – und sein Geist wird unterdrückt werden.

Leider wuchsen viele Menschen in Familien auf, in denen es gang und gäbe war, daß kleine Babys versohlt und Kinder gewaltsam geschlagen wurden. Solange das Licht der Erkenntnis nicht in diese Familien dringt und eine Verhaltensänderung bewirkt, werden derartige Züchtigungsmethoden von einer Generation an die andere weitergegeben, auch wenn sie falsch und emotional zerstörerisch sind.

Wenn ein Kind alt genug ist, um seine Welt zu entdecken, indem es alles, was in seinem Blickfeld ist, unter-, um- oder überklettern kann, wird auch die Anwendung von Disziplin allmählich legitim. In einer schrittweisen Entwicklung kann das Kind die Beziehung zwischen Ursache und Wirkung kennenlernen, und angemessene Disziplin beginnt zu vermitteln, daß es Grenzen gibt. Die Bedeutung des Wortes „nein" kann verstärkt werden, indem man ein Kind physisch zurückhält, wenn es sich nach einem gefährlichen Gegenstand ausstreckt oder hingeht, wo es nicht hingehen soll. Auch wenn sein Verständnis von Sprache erst ansatzweise vorhanden ist, wird ein Klaps auf die Finger in Zusammenspiel mit einem bestimmten „Nein!" Eindruck auf das Kind machen und seinem Verhalten die notwendigen Grenzen setzen.

Ein typisches Beispiel dafür war unser Enkel Joel, als er das erste Mal entdeckte, daß er in die Toilette krabbeln und mit dieser herrlichen Rolle Klopapier spielen konnte. Zunächst packte er voll Freude das Ende der Rolle und krabbelte in den Gang hinaus, während sich die ganze Rolle hinter ihm abwickelte. Natürlich mußten wir alle lachen und dachten uns: „Was für ein niedliches Kerlchen!" Doch mit der Niedlichkeit war es schnell vorbei, als Joel herausfand, daß man einen ganzen Armvoll Papier abwickeln und ins Klo stopfen konnte, bis die Schüssel restlos verstopft war.

Anfangs schimpfte seine Mutter Victoria mit ihm, doch diese Abschreckung hatte nur wenig Überzeugungskraft; schließlich gab sie ihm jedesmal, wenn er anfing, an der Rolle zu ziehen, einen Klaps auf seine kleinen Finger. Obwohl er nur über Ein- und Zwei-Wort-Sätze verfügte, hatte er bald begriffen: „Wenn ich Papier in die Schüssel stopfe, wird Mami böse und haut mir auf die Finger." Joel zeigte uns auf sehr anschauliche, nonverbale Weise, daß er dabei war, diese Lektion zu lernen: Eines Tages bemerkte Victoria, wie er über den Gang in Richtung Toilette krabbelte; sie folgte ihm, um zu sehen, was er tat. Joel war clever genug, die Toilettentür zu schließen. Doch als sie sie öffnete, sah sie, wie er neben der Schüssel stand und an der Papierrolle zog. Als er sich umdrehte und sie erblickte, streckte er eine Hand aus und gab sich selbst einen Klaps darauf, so wie es seine Mutter getan hatte! Eine der ersten Lektionen über das Einhalten von Grenzen.

Je älter das Kind wird und je mehr es in seinem Denken richtiges und falsches Handeln und die daraus folgenden Konsequenzen abwägen kann, können die verschiedenen Formen der Disziplin eine neue und stärkere Bedeutung bekommen. Privilegien wie bestimmte Süßigkeiten, Fernsehen oder Spielzeit mit Freunden können eine Belohnung für gutes Verhalten darstellen oder infolge von Ungehorsam verwehrt werden. Kinder müssen auf kindgerechte Weise lernen, daß sie für ihre Handlungen verantwortlich sind und daß der Entschluß zum Ungehorsam voraussehbare Konsequenzen für sie haben wird.

Ich (Paula) erinnere mich noch daran, daß meine Mutter recht kreativ war, wenn es darum ging, mich zu disziplinieren. Am besten erinnere ich mich daran, wie sie mich in den Garten schickte (nachdem ich mich danebenbenommen hatte), um vom Baum eine Gerte abzuschneiden, mit der sie mir dann mehrmals hinten auf die Oberschenkel klopfte. Ja, diese Lektion war immer schmerzhaft genug, um meine Aufmerksamkeit zu erregen, doch es war der Weg in den Garten, wo ich meine eigene Gerte abschnitt, der sich mir unauslöschlich eingeprägt hat. Rückblickend bin ich der Meinung, daß der Weg in den Garten und das Abschneiden meiner eigenen Gerte zwei konkrete Funktionen hatte:

Während ich in den Garten ging, hatte ich immer Zeit, um innezuhalten und über das, was ich getan hatte, sowie die daraus resultierenden Konsequenzen nachzudenken. Unterwegs wurde das, was meine Mutter von mir erwartete, in mir noch verstärkt. Gleichzeitig hatte auch meine Mutter Zeit zum Abkühlen, damit sie nicht voll Zorn auf mich einschlagen würde. Die Gerte bekam ich immer zu spüren, jedoch von einer Mutter, die nun gefaßt war, mir in aller Ruhe erklären konnte, warum ich diszipliniert wurde und die mir nach der Strafe ihre Liebe und ihren Zuspruch schenken würde.

Die Bibel spricht davon, daß Disziplin (bzw. Zucht) und gegebenenfalls auch „ein paar hinten drauf“ notwendig und angemessen sind:

> *Wer seine Rute schont, haßt seinen Sohn; aber wer ihn liebhat, züchtigt ihn beizeiten.* (Spr 13,24)

Und ihr Väter, reizt eure Kinder nicht zum Zorn, sondern zieht sie auf in der Zucht und Ermahnung des Herrn. (Eph 6,4)

Laß nicht ab, den Knaben zu züchtigen; denn wenn du ihn mit der Rute schlägst, so wird er sein Leben behalten; du schlägst ihn mit der Rute, aber du errettest ihn vom Tode. (Spr 23,13-14; LÜ)

Auf Zucht, vor allem auf „ein paar hinten drauf", sollte immer ein Signal der Liebe folgen. Betrachten Sie es folgendermaßen: Wenn Sie ohne Liebe diszipliniert werden, heißt das, daß Ihre Seele und Ihr Denken zur Rechenschaft gezogen werden und Ihre Emotionen einen abrupten Dämpfer bekommen. Der Akt der Disziplinierung an sich kann Sie wieder bremsen, doch Ihr Geist wird sich höchstwahrscheinlich in ein düsteres Loch zurückziehen. Sie kehren zurück in die Gemeinschaft, um wieder am Familienleben teilzunehmen, doch ein Teil von Ihnen fehlt. Ihr Geist bleibt zurückgezogen oder wird zu Groll und Zorn gereizt.

Wenn jedoch Signale der Liebe und eine herzliche Umarmung auf eine Disziplinierung folgen, wird Ihr Geist wieder aus der Reserve gelockt, um am Familienleben teilzunehmen und auch Teil der Familie sein zu wollen. Auf diese Weise lernt das Kind, daß Zucht und Liebe Hand in Hand gehen.

Ein Kind muß begreifen, daß die Zucht zu seinem Besten ist und ihre Ausführung den Eltern Schmerzen bereitet. Gleich nach der Disziplinierung müssen Kinder liebevollen Körperkontakt spüren. Es gibt einige Aspekte liebevoller Disziplin, die man nicht vergessen sollte:

Fügen Sie dem Kind nie mehr Schmerzen zu als der Verstoß rechtfertigt

Es kann Teil der Disziplin sein, dem Kind hie und da „ein paar hinten drauf" zu geben, um ihm vor Augen zu führen, daß gefährliches oder ungebührliches Verhalten Konsequenzen nach sich zieht. Doch heftiges Verprügeln und jede Art von körperlicher Gewalt, die blaue Flecken, Schrammen oder andere Verletzungen hinterläßt, ist eindeutig eine Mißhandlung und trägt nicht mehr zur gewünschten Charakterbildung bei.

Analog dazu gilt: Ein Kind kann von verbalem Tadel profitieren, doch permanente verbale Attacken und das daraus resultierende emotionale Trauma sind auch eine Art der Mißhandlung und wirken sich kontraproduktiv auf die gesunde Förderung und Erziehung des Kindes aus. Wenn man einem Kind fortwährend vorhält, es sei „blöd" oder „böse", wird sein Selbstbild darunter leiden. Allmählich wird es dies glauben, und sein Geist wird darunter ersticken.

Für Kleinkinder, deren Verständnis von Sprache schon recht weit entwickelt ist und die in der Lage sind, sich an ihr Fehlverhalten zu erinnern, ist der Entzug eines Privilegs oft eine effektivere Form der Disziplinierung. So liebt z. B. die zweijährige Briana Walt-Disney-Filme. Abends weigert sie sich, ins Bett zu gehen. Ihr hartnäckiger Ungehorsam hört in der Regel auf, wenn man ihr mit Nachdruck sagt: „Wenn du noch einmal aus dem Bett steigst, darfst du dir morgen deinen Film nicht anschauen."

Effektive Disziplin erfordert Konsequenz, Bestimmtheit und Liebe

Um das Kind nicht zu verwirren, muß die Disziplin konsequent durchgeführt werden. Wenn es für einen Verstoß einmal getadelt wird oder einen Klaps bekommt, ein andermal jedoch nicht, hat die Lektion für das Kind nur einen geringen Wert. Eltern, Lehrer und Erziehungsberechtigte sollten dem Kind klarmachen, was sie von ihm erwarten, sonst wird es nie ein Gespür dafür entwickeln, wo seine Grenzen sind.

Liebevolle Disziplin erreicht ihr Ziel auch ohne Angst

Liebevolle Disziplin läßt die Integrität des Geistes unversehrt und erlaubt dem Kind, eine Lektion zu lernen und sich dann wieder ins Leben zu stürzen, ohne daß Angst wie ein Damoklesschwert über ihm hängt. Strafe bewirkt Angst, doch Disziplinierung ermöglicht uns, stark zu werden. Dies ist eine wichtige Lektion für die Charakterbildung des Kindes. Durch liebevolle Disziplin lernt es, einen Tadel hinzunehmen und sich gleichzeitig die Sicherheit zu bewahren, daß es nach wie vor geliebt sein wird. Wenn es dann später im Leben Rückschläge erleidet, wird sein Charakter stark genug sein, um die Verantwortung für sein Fehlverhalten zu übernehmen, zu akzeptieren, was auch immer kommt und zu wissen, daß ihm selbst nichts passieren wird.

> *Denn (unsere Väter) haben doch nur für kurze Zeit nach ihrem Ermessen Zucht an uns geübt, er (Gott) aber zu unserm wahren Besten, damit wir seiner Heiligkeit teilhaftig würden.* (Hebr 12,10; Menge)

❦ Sich als Erwachsener Entdeckerfreude bewahren und diese auch im Kind fördern

Je offener wir für die lebensspendende Energie werden, die naturgemäß von Kindern ausgeht, desto mehr erleben wir selbst zwangsläufig in vielen Bereichen Veränderung. Wir wachsen mit den Kindern mit und wenn wir es uns gestatten, lernen wir wieder hemmungslos zu spielen und erleben, wie Freude und Genuß, die vielleicht vor vielen Jahren in uns einschliefen, neu zu leben beginnen. Doch Erwachsene, die sich ständig in einer Welt von Erwachsenen bewegen und dem Druck des Berufs und der Familie ausgesetzt sind, tun sich oft schwer mitzuziehen.

Carol Bowman (Norms Frau) erzählte uns einen Traum, den sie wenige Wochen vor der Geburt ihres Sohnes Matthew hatte. Sie war Buchhalterin einer großen Versicherungsgesellschaft, häufig auf Reisen und hatte beruflich oft mit Ressortleitern von Regierungsbehörden zu tun. In ihrem Traum sah sie, wie sie im Kreißsaal lag und ihren Sohn zur Welt brachte. Als die Hebamme ihr das Baby das erste Mal brachte, setzte sie es auf ihren Bauch. Der Junge hatte einen dreiteiligen Anzug an, trug einen Mini-Aktenkoffer und fing ein Gespräch mit ihr an.

Absurd? Vielleicht. Doch ihr Unterbewußtsein beförderte ein Bild nach oben, das den Rollenkonflikt widerspiegelte, in dem sich viele Eltern befinden. Glücklicherweise tat sie sich im echten Leben recht leicht, ihre neue Rolle als Mutter anzunehmen. Die darauffolgenden Monate voller Stiller Zeit, Kuscheln, Spielen und Stillen waren die glücklichste und lohnendste Zeit ihres Lebens.

Worauf wollen wir hinaus? Babys und Kleinkinder sind keine Erwachsenen im Kleinformat, und man kann sie auch nicht so behandeln. Sie brauchen es, daß sich Eltern und Familienangehörige Zeit für sie nehmen, ihnen Aufmerksamkeit schenken, sich zu ihnen auf den Boden setzen, mit ihnen ihrem Entwicklungsstand entsprechend spielen, ihnen liebevoll und zärtlich helfen, ihre neue Umgebung zu entdecken und die wunderbare Entwicklung des neuen Lebens zu fördern.

Kindern zu helfen, für neue Entdeckungen offen zu bleiben, muß keine beschwerliche Knochenarbeit sein. In den meisten Fällen heißt das nur, daß man darauf achtet, was das Kind in der jeweiligen Entwicklungsphase interessiert und begeistert, und versucht, die natürliche Neugier und den Spaß nicht zu ersticken.

Anstatt immer gleich „Nein" zu sagen, damit sich das Kind ja nicht schmutzig macht oder Sie aufhält, wenn Sie es eilig haben, sollten Sie sich die Zeit nehmen und es in der Pfütze herumstapfen, den Käfer anschauen oder die Spatzen auf der Freileitung betrachten lassen.

Falls Sie den Entdeckerdrang Ihres Kindes mehr den Aktivitäten Ihres Tagesablaufs anpassen möchten, können Sie sich Gedanken darüber machen, wie man so normale Dinge wie Essen, Baden, Zubettgehen, Hausarbeit und Spielen in spannende Abenteuer verwandeln könnte. Oder führen Sie Familienbräuche und -traditionen ein, die Sinn machen und Inhalt haben. Vielleicht bringen Sie folgende Vorschläge auf gute Ideen:

Essenszeiten

♦ Lassen Sie Kinder beim Kochen mithelfen, indem sie Kartoffeln und Karotten schälen, die Suppe umrühren und würzen und den Tisch decken. Machen Sie im Kartoffelbrei ein kleines Nest für grüne „Erbseneier". Machen Sie für die Kinder herz- oder halbmondförmige Pfannkuchen. Lassen Sie sie mit Senf oder Marmelade Mondgesichter auf Ihre Brote malen. Bitten Sie sie beim Kochen um Rat. Machen Sie daraus ein echtes Erlebnis für Kinder, bei dem sie etwas lernen können.

♦ Kinder lieben romantische und ungewöhnliche Situationen. Machen Sie bei Gelegenheit aus dem Essen einen formellen „Staatsempfang". Lassen Sie die Kinder Tischkarten schreiben. Versuchen Sie auch mal ein Essen bei

Kerzenlicht. Läuten Sie dem „Ober" für den zweiten Gang. Ein andermal kann man auch eine Decke auf dem Boden ausbreiten und das Essen in ein Picknick verwandeln.

♦ Hie und da macht es auch Spaß, wenn jeder am Tisch „Steinzeitmensch" sein und mit den Fingern essen darf. Servieren Sie das Essen lediglich auf einer Frischhaltefolie ohne Teller und Besteck. Vielleicht lernen die Kinder dadurch Teller, Gabeln und gute Tischmanieren mehr schätzen.

Baden

♦ Bei einem „lustigen Bad" dürfen Kinder so viele Spielsachen mit in die Wanne nehmen und so lange im Wasser bleiben, wie sie wollen. Wenn sie zu Quengeln beginnen und das Wasser kalt wird, dann zeigen Sie ihnen, wie man sich aufwärmen kann. Wenn sie beim Haarewaschen zu Meckern beginnen, dann lassen Sie sie die Taucherbrille aufsetzen, damit das Shampoo nicht in die Augen kommt.

♦ Bei einem „romantischen Bad" liegen Kinder z. B. bei Kerzenlicht im Badeschaum; im Hintergrund läuft klassische Musik. Sie können auch ihre Lieblingskassette einlegen, damit sie mitsingen können.

Zubettgehen

♦ Wenn Ihnen immer die Zeit knapp wird und Sie sich beeilen müssen, um die Kinder ins Bett zu bringen, dann versuchen Sie doch einmal, Ihnen die Gutenachtgeschichte vorzulesen, während sie noch in der Badewanne sitzen.

♦ Lesen Sie eine bevorzugte Gutenachtgeschichte auf Kassette. Lassen Sie das Kind allein mit dem Kassettenrecorder und dem Buch ins Bett gehen und die Geschichte mitverfolgen, während es Ihre Stimme vom Band hört.

Hausarbeit

♦ Bemühen Sie sich, die Hausarbeit so kurzweilig und vergnüglich wie möglich zu machen. Fordern Sie z. B. Ihre Kinder auf, so zu tun, als wäre der Schmutz der „böse Mann". Geben Sie ihnen zunächst eine Sprühflasche mit Fensterreiniger als Pistole und schließlich trockene Papierhandtücher, mit denen sie den „bösen Mann" packen und wegwischen können.

♦ Die meisten Kinder rubbeln und polieren gerne. Geben Sie Ihnen das Tafelsilber zum Polieren oder lassen Sie sie den Eßtisch abwischen und polieren.

♦ Lassen Sie die Kinder aus mehreren Arbeiten die auswählen, die ihnen am besten gefällt: Staubsaugen, Abstauben, Wäsche zusammenlegen etc. Arbeiten Sie gemeinsam mit ihnen, um es ihnen vorzumachen und sie zu loben, wenn sie es gut machen, und weil es einfach Spaß macht, Gemeinschaft zu haben.

Spielen

♦ Gehen Sie mit Ihren Kindern in unmittelbarer Umgebung Ihres Hauses in die freie Natur. Lassen Sie sie Papiertüten mitnehmen, in denen sie alles sammeln und mitnehmen, was ihnen interessant erscheint. Reden Sie schon im Wald oder auf der Wiese mit ihnen über die gefundenen Gegenstände oder später zu Hause. Betonen Sie, wie schön Gott die Schöpfung gemacht hat. Legen Sie eine Sammlung an. Achten Sie darauf, daß Sie den Kindern dabei nicht Ihr eigenes Werturteil überstülpen, welche Objekte etwas Besonderes sind und welche nicht. Die Interessen der Kinder weichen von Ihren eigenen womöglich erheblich ab; dennoch sollten Sie sie wertschätzen, verstehen und in Gesprächen Interesse zeigen.

♦ Behalten Sie alte und ungewöhnliche Kleidung, Schuhe und Hüte für eine „Verkleidungskiste". Veranstalten Sie wöchentlich eine „Stunde der Verkleidungen und Schauspielerei" und stellen Sie sie unter ein bestimmtes (geschichtliches) Motto. Ermutigen Sie Ihre eigenen und die Kinder aus der Nachbarschaft, sich zu verkleiden und dann als Phantasiepersonen miteinander zu spielen.

♦ Helfen Sie Ihren Kindern, den Autoren ihrer Lieblingsbücher Briefe zu schreiben. Die Chancen stehen nicht schlecht, daß man eine nette Antwort bekommt.

♦ Organisieren Sie Ausflüge und besuchen Sie mit mehreren Kindern besondere Attraktionen wie eine Bäckerei, ein Feuerwehrhaus, eine Fabrik etc.

Familienbräuche

♦ Reichen Sie sich als Familie beim gemeinsamen Tischgebet stets die Hände (Versuchen Sie doch auch einmal, am Eßtisch zu essen, anstatt sich mit dem Teller in der Hand vor den Fernseher zu setzen).

♦ Machen Sie jeden Tag eine dicke „Familienstulle": Die Erwachsenen stehen außen, die Kinder als Butter und Marmelade in der Mitte, und dann wird alles zusammengedrückt.

♦ Ermutigen Sie die Kinder, ein Familien-Fotoalbum zu führen und regelmäßig neue Bilder einzukleben. Erzählen Sie ihnen die Geschichte Ihrer Familie. Zeigen Sie ihnen Bilder von Ihren Vorfahren, damit sie sich die Gesichter merken und Geschichten über sie erzählen können. Auf diese Weise bekommen die Kinder ein Gespür für ihre Wurzeln, für die persönliche Geschichte eines Menschen und für die Zusammengehörigkeit innerhalb einer Familie.

♦ Machen Sie es sich zur guten Gewohnheit, Ihre Kinder jeden Morgen, bevor sie in die Schule gehen, zu segnen. Halten Sie sie an der Tür oder vor dem Auto kurz zurück;

legen Sie ihnen die Hände auf und beten Sie z. B. folgendes: „Lieber Gott, wir bitten heute um deinen Segen für dein Kind ... Hilf' ihm/ihr, daß er/sie in der Schule tolle Dinge erlebt und das Lernen Spaß macht. Hilf' ihm/ihr, sein/ihr Bestes zu geben. Beschütze ihn/sie vor Unheil und Schaden. Wir segnen ihn/sie jetzt mit unserer Liebe im Namen Jesu. Amen."

❦ Tragfähige Familienstrukturen aufbauen

Wenn ein Kind mit der Fähigkeit zu lieben, mitzufühlen und verantwortungsbewußt Beziehungen zu anderen aufzubauen, heranwachsen soll, muß es lernen, was es heißt, in Gemeinschaft mit anderen Menschen zu leben. Das beginnt natürlich bei den Eltern – zunächst mit der innigen Gemeinschaft mit der Mutter, später im Kontakt mit der Außenwelt, hoffentlich mit einem liebevollen Vater, der das junge Leben stärkt und fördert. Darüber hinaus profitiert ein Kind ganz gewaltig vom Familienverband einer Großfamilie mit Brüdern, Schwestern, Kusinen, Onkel und Tanten sowie engen Freunden der Familie. Diese wichtigen Bezugspersonen werden quasi eine Erweiterung des kindlichen Ichs. Falls die Familie in der Lage ist, das Kind in diese Gemeinschaft der Liebe einzubetten, sollte die Stärkung und Förderung des Kindes dadurch unterstützt werden, daß man immer wieder Gelegenheiten schafft, an denen die ganze Familie zusammenkommen und Gemeinschaft pflegen kann.

Die Realität sieht so aus, daß heutzutage viele Kinder bei Alleinerziehenden oder in Familien leben, deren natürliches „Stützgerüst", d. h. Großeltern oder andere Verwandte, nur noch bruchstückhaft vorhanden ist. Wenn dies der Fall ist, sollten Eltern, die die Entwicklung ihres Kindes fördern möchten, jede Gelegenheit nutzen, um weitverzweigte Kontakte zu liebevollen Freunden aufzubauen, die für das heranwachsende Kind zu einer wichtigen Quelle der Kräftigung, der Stärkung und des Zuspruchs werden können.

Immer mehr Christen, die mit offenen Augen durchs Leben gehen, reagieren auf diesen Mangel. Die Gemeinde ist nach wie vor der beste Ort, an dem Eltern die für ihre Kinder nötige geistliche Nahrung und Förderung finden können. Setzen Sie sich dafür ein, daß fürsorgliche, liebevolle Freunde im Rahmen einer Sonntagsschulklasse, eines Bibel- oder Hauskreises zu Ihrer „Familie“ werden.

Finden Sie neue Freunde und werden Sie anderen ein Freund. Teilen Sie sich mit und lassen Sie andere an Ihrem Leben Anteil haben. Bitten Sie sie, sich dafür einzusetzen, daß Sie selbst und Ihr Kind wachsen können. Das ist die Aufgabe einer Gemeinde.

Ein Kind, das im Rahmen einer Familie aufwächst, wird schon sehr früh begreifen, was es heißt „dazuzugehören“. Eine Familie, die gemeinsam etwas unternimmt, läßt den Geist des Kindes spüren: „Damit kann ich mich identifizieren, da gehöre ich dazu.“ Die fröhliche Interaktion zwischen Kind, Geschwistern und erwachsenen Verwandten – „Kuckuck-Spielen“, Kinderreime mit Bewegungen und dergleichen mehr – fördert im Kind ein starkes Gemeinschaftsgefühl.

Jean Grasso Fitzpatrick beschreibt in ihrem herrlichen und erkenntnisreichen Buch *Something More, Nurturing Your Child's Spiritual Growth* drei zentrale Funktionen der Familie als „Fördergemeinschaft“:

1. Die Familie ist das lebende Beispiel und die Verkörperung dessen, was es heißt „geistlich“ zu sein: zu einer Gemeinschaft zu gehören, Menschen höher zu achten als Dinge und von heiligen Banden der Verwandtschaft zusammengehalten und getragen zu werden.

2. Die Familie fungiert als Gemeinschaft, in der Vergangenheit und Gegenwart ineinandergreifen: Kinder sehen ihr eigenes Leben vor dem Hintergrund von Familiengeschichten und -ereignissen und begreifen mehr und mehr, wie sie selbst und ihre Familie mit der Gesellschaft im allgemeinen zusammenhängen.

3. Die Familie schenkt Kindern eine Perspektive für die „große, weite Welt“: Sie gibt ein Beispiel für zwischenmenschliche bzw. „dienstliche“ Beziehungen und vermittelt, wie man gerecht mit seinen Mitmenschen umgeht.

Besondere Zeiten, Feiern und Festlichkeiten mit der Familie, z. B. Hochzeiten, Urlaub oder Wiedersehensfeiern, prägen sich Kindern sehr stark ein, ja wecken in ihnen bisweilen nostalgische Gefühle. „Mama, wie war das damals, als du Papa geheiratet hast?“ „Erzähl’ uns doch, wie Opa immer den Christbaum fällte und schmückte.“ „Was habt ihr eigentlich immer an Kirchweih getan, als du noch ein kleines Mädchen warst, Tante Barbara?“

Achten Sie darauf, daß freie Tage und Feiertage immer besondere Zeiten sind, an denen die Familie zusammen ist. Unterstreichen Sie das Besondere, indem Sie mit den Kindern über Sinn und Zweck dieser Tage sprechen.

Wenn die Kinder älter werden und den Sinn bestimmter Feier- und Festtage begreifen, sollten Sie sich Zeit nehmen, ihnen zu erklären, was es mit dem Erntedankfest auf sich hat, und gemeinsam als Familie im Gebet danken. Sprechen Sie am 3. Oktober gemeinsam über die jüngere Geschichte Deutschlands und die Wiedervereinigung. Spielen Sie an Weihnachten mit Krippenfiguren die Ereignisse um die Geburt Jesu nach. Erklären Sie den Kindern, daß die gegenseitigen Geschenke unsere Reaktion darauf sind, daß Gott der Welt seinen Sohn geschenkt hat. Veranschaulichen Sie, welche ehrfurchtgebietenden und gewaltigen Ereignisse hinter dem Karfreitag und dem Ostersonntag stecken. Führen Sie den Kindern die Botschaft von der Auferstehung Jesu ganz real vor Augen.

Setzen Sie sich als Familie so oft wie möglich zusammen und reden Sie miteinander. Essen Sie gemeinsam. Plaudern, spielen und singen Sie miteinander. Das Zusammensein der Familie verleiht dem kindlichen Geist die Fähigkeit, sich zu öffnen, Beziehungen aufzubauen und sich auf Gemeinschaft mit anderen einzustellen.

❦ Grundhaltungen und Verhaltensmuster vermitteln und vorleben

Mir (John) klingen noch heute die Worte meiner Mutter in den Ohren: „Jackie, ein Gentleman flucht nie in Anwesenheit einer Dame, ja er flucht überhaupt nie.“ „Jackie, ein Mann schlägt keine Frau. Jeder Mann, der eine Frau schlägt, ist kein Mann.“ „Jackie, ein Gentleman behandelt seine Frau immer höflich und zuvorkommend. Er beleidigt und verletzt sie nie. Er behandelt sie stets wie eine Dame.“

Diese Richtlinien wären vielleicht nie ein Teil von mir geworden, hätte ich nicht miterlebt, wie sie mein Vater in seinem eigenen Leben praktizierte. Kinder lernen das, was man ihnen vorlebt, besser als das, was man ihnen vorpredigt. Ich habe nie gehört, daß mein Vater meine Mutter einmal angeschrien, sie beleidigt oder etwas Schlimmes zu ihr gesagt hätte. Ich hörte und sah, daß er sie stets respektvoll behandelte. Seine Liebe zu ihr war stets spürbar. Diese Lektionen, die mir meine Eltern vorlebten, haben sich meinem Herzen eingeprägt.

Wenn Sie nicht wollen, daß Ihr Kind lügt, bei Klassenarbeiten vom Banknachbarn abschreibt oder Freunde bestiehlt, dann achten Sie einmal genau darauf, wie Sie mit Ihren Geschäftskunden umgehen, wie Sie es mit der Gesetzestreue halten und ob Sie andere Menschen und deren Besitz zu ihren Gunsten ausnutzen. Wenn Sie nicht möchten, daß Ihre Kinder Alkohol trinken oder Drogen nehmen, dann achten Sie darauf, was Sie ihnen vorleben. Es reicht nicht zu sagen: „Manche Dinge sind nur für Erwachsene, und wenn du einmal alt genug bist, hat keiner mehr was dagegen." Es gilt ganz einfach: Praktizieren Sie, was Sie predigen, oder wundern Sie sich nicht, wenn Ihre Kinder Ihre übelsten Gewohnheiten übernehmen. Wenn es Ihnen so wichtig ist, ein gutes Vorbild für Ihre Kinder zu sein, daß Sie selbst bedenkliche Verhaltensweisen aufgeben, wird Ihr verändertes Verhalten schließlich auch in Ihrem eigenen Leben gute Früchte zeitigen.

❦ So reden, daß sich das Kind öffnet und zuhört

Wenn Kinder älter werden, trägt effektive Kommunikation wesentlich dazu bei, ihren Geist wach zu halten. Die Fähigkeit zur fruchtbaren Kommunikation kann man erlernen und erfordert die ständige Entscheidung, offen und konstruktiv zu bleiben.

Adele Faber und Elaine Mazlish haben ein großartiges und hilfreiches Handbuch für Eltern geschrieben: *Nun hör doch mal zu!* (Knaur Verlag). Obwohl die Prinzipien, die dieses Buch vermittelt, nicht unbedingt neu sind, hat es in den vergangenen Jahren tausenden von Eltern weitergeholfen und die Kommunikation in tausenden von Familien revolutioniert. Faber und Mazlish vermitteln mit gesundem Menschenverstand Lösungsansätze zu einer ungehinderten und konstruktiven, anstatt verschlossenen und unterdrückenden Eltern-Kind-Kommunikation.

Wir als Eltern, Lehrer oder Familienangehörige sollten sorgsam darauf achten, wie wir in unseren täglichen Unterhaltungen mit den Kindern umgehen. Vermitteln wir dabei die positive Unterstützung und den Zuspruch, den sie brauchen, um im Geist lebendig zu bleiben? Oder sehen sie sich angesichts unserer permanent kritischen und richtenden Haltung gezwungen, sich verletzt zurückzuziehen?

Die folgenden Anregungen für eine offenere Kommunikation mit Kindern soll Ihnen Hilfestellung geben, damit Sie nicht in die Falle des Richtens und Kritisieren tappen (Für tiefere Einblicke in die Kunst der Kommunikation empfehlen wir Ihnen das Buch *Nun hör doch mal zu!*, Knaur Verlag).

♦ **Schenken Sie dem Beachtung, was Kinder zu sagen haben.** Nehmen Sie sich Zeit und hören Sie ruhig und aufmerksam zu.

♦ **Erkennen Sie an, daß die Empfindungen von Kindern real sind.** Auch wenn es Ihnen nicht gefällt, wie das Kind seine Gefühle ausdrückt, dürfen Sie ihm nicht absprechen, daß seine Empfindungen aufrichtig und echt sind.

♦ **Helfen Sie Kindern, Gefühle einzuordnen, indem Sie diese benennen oder beschreiben.** Ein Beispiel: „Du willst also sagen, daß du sehr zornig wirst, wenn man dich so behandelt“, oder: „Weil du heute vormittag in der Klassenarbeit eine gute Note bekommen hast, bist du heute nachmittag natürlich gut aufgelegt.“

♦ **Wenn Probleme auftauchen, sollten Sie nicht lautstark oder wiederholt mit dem Kind schimpfen.** Beschreiben Sie statt dessen einfach nur, was Sie sehen, um die Aufmerksamkeit des Kindes darauf zu lenken. Ein Beispiel: „Wie ich sehe, hast du dich heute morgen dafür entschieden, dein Zimmer nicht aufzuräumen. Ich hoffe, du verstehst, daß das noch getan werden muß, bevor du heute nachmittag 'rausgehst.“

♦ **Liefern Sie dem Kind genügend Informationen, damit es verstehen kann, warum eine bestimmte Situation ein Problem darstellt.** Beispielsweise: „Ich möchte nicht, daß du mit den Rollschuhen in die Küche gehst, weil die Rollen die Fliesen verkratzen. Verstehst du das?“

♦ **Sagen Sie dem Kind kurz und prägnant, was Sie wollen; bisweilen reicht sogar ein einziges Wort, um es auf ein Problem hinzuweisen, das bereits besprochen wurde.** Wenn das Kind z. B. mit den Rollschuhen in der Küche auftaucht, sagen Sie einfach nur: „Rollschuhe!“ (Sagen Sie es jedoch ruhig, da Kinder schon den leisesten Hauch von Verärgerung oder Anklage heraushören)

♦ **Vermitteln Sie Kindern ganz eindeutig, was Ihrer Meinung nach akzeptables und inakzeptables Verhalten ist.** Kinder müssen wissen, wo ihre Grenzen sind.

♦ **Lassen Sie Kinder wissen, was Sie fühlen – was Sie mögen und was Sie nicht mögen.** Zum Beispiel: „Ich mag es, wenn du daran denkst, mir zu sagen, wohin du gehst und wann du wiederkommst“ oder vielleicht: „Ich werde böse, wenn ich daran denke, daß du meinen Anweisungen ganz bewußt nicht gehorcht hast.“

♦ **Lassen Sie Kinder zwischen mehreren Alternativen wählen; damit vermeiden Sie Konfrontationen und helfen ihnen, eigenständig zu entscheiden.** Ein Beispiel: „Was möchtest du lieber? Zu Hause bleiben und auf die Party gehen oder ins Zeltlager fahren?“ Oder: „Was ziehst du an? Sakko und Schleife oder Hemd und Pullover?“

♦ **Zollen Sie Kindern Respekt dafür, wie sie sich um Problemlösungen bemühen, Entscheidungen treffen**

oder aus Erfahrung lernen. Beispielsweise: „Ich weiß, daß es schwer für dich gewesen sein muß, nicht mit dem Lehrer zu streiten, als du dich ungerecht behandelt gefühlt hast, doch mit dieser Entscheidung hast du Reife bewiesen.“

♦ **Anstatt Kindern alles abzunehmen und es für sie zu tun, sollten Sie sie lieber mit hilfreichem Rat unterstützen.** Folgendes Beispiel wäre denkbar: „Versuch' doch mal, den Herd zurückzuschalten, damit das Fleisch langsamer brät und nicht anbrennt.“

♦ **Stellen Sie nicht zu viele Fragen, um nach Informationen zu bohren.** Bringen Sie das Gespräch in Gang mit Aufforderungen, die keine spezifischen Reaktionen erfordern, wie z. B. „Na, was hast du heute den ganzen Tag über gemacht?“ Bei kleineren Kindern müssen Sie konkreter vorgehen und ihnen helfen, die richtigen Umschreibungen zu finden.

♦ **Platzen Sie nicht immer gleich mit Ihrer Antwort auf die Fragen der Kinder heraus, so als ob Sie stets die letzte Autorität in allen Dingen wären.** Fragen Sie sie vielmehr um ihre Meinung, um ihre Problemlösungsstrategien zu verfeinern und aus der Frage einen Dialog zu machen.

♦ **Ermutigen Sie Kinder, auch außerhalb der Familie Informationen einzuholen.** Helfen Sie ihnen, die Erfahrung zu machen, daß man nachforschen kann, um eine bestimmte Information zu bekommen, z. B.: „Warum halten wir nicht an der Tierhandlung, und du fragst selbst, wie man einen kleinen Hund am besten stubenrein macht?“

♦ **Rauben Sie einem Kind nicht die Hoffnung, indem Sie ihm von Erfahrungen oder Aktivitäten abraten, die seine Fähigkeiten übersteigen würden.** Ein Beispiel: „Es kann für dich in der Mannschaft ganz schön hart werden, weil du jünger bist als die anderen Jungs. Doch es ist sicher eine gute Erfahrung für dich, wenn du es probierst und selbst herausfindest, ob du es schaffst oder nicht."

♦ **Wenn Sie etwas Positives beobachten, dann heben Sie es hervor.** Loben Sie ein Kind, wo es gerechtfertigt ist, z. B.: „Ich hab' gesehen, daß du positiv auf die Kritik des Trainers an deinem Spiel reagiert hast. Das nächste Mal achtest du sicher mehr darauf. Du wirst mal ein guter Sportler, weil du dir von deinem Trainer was sagen läßt."

♦ **Beschreiben Sie, was Sie sehen, wenn Sie positives Verhalten beobachten.** Zum Beispiel: „Wie ich sehe, hast du heute morgen deine ganzen Arbeiten getan. Nun kannst du für den Rest des Tages tun, was dir Spaß macht."

♦ **Verbalisieren Sie Ihre Gefühle, wenn Sie zufrieden oder stolz sind.** Beispielsweise: „Ich war so stolz auf dich heute, wie du den kleineren Kindern, die zu dir aufsahen, ein echtes Vorbild warst."

♦ **Leben Sie Ihrem Kind das Verhalten vor, das Sie an ihm gerne sehen möchten.** Ein Beispiel: „Ich hab' heute den Dachboden aufgeräumt und möchte der Sammelstelle der Heilsarmee gerne einige Dinge spenden. Willst du auch ein paar Spielsachen geben, mit denen du nicht mehr spielst, damit andere Kinder sich darüber freuen können?"

Es sind im Grunde recht einfache Dinge, die für die Entwicklung eines gesunden und wachen kindlichen Geistes grundlegend und ausschlaggebend sind. Trotz des alltäglichen Drucks, der für jede Familie normal ist, brauchen Kinder Zuwendung und körperliche Nähe, die liebevolle Präsenz einer Familie, Aufmerksamkeit und gute Kommunikation, die Möglichkeit, unter Anleitung die Welt zu entdecken, sanfte Disziplin und herzliche Liebe.

❦ **Herr**, präg' es mir tief ins Herz ein, daß ich in meinem ganzen Leben niemals sonst die Gelegenheit haben werde, ein Leben derart weitreichend zu beeinflussen wie bei den Kindern, die du meiner Obhut anvertraut hast.

Rüste mich aus mit Ohren, die hören, mit einem verständigen und liebevollen Herz, mit Armen, die ohne Hintergedanken zärtlich umarmen, und mit einem Mund, der lobt und ermutigt.

Schenk' mir deine Weisheit, damit ich meine Kinder konsequent, angemessen und mit bedingungsloser Liebe disziplinieren kann.

Mach' mich zu einem attraktiven Vorbild, das sich mit fröhlicher Abenteuerlust aufmacht, die Wunder der Schöpfung Gottes zu entdecken.

❦

Praktische Anwendung: Stärkung und Förderung der geistlichen Vitalität von Kindern

Man kann gewaltige Fortschritte bei der Förderung von Kindern machen, wenn beide Elternteile konkrete Ziele verfolgen, konsequent einen ausgewogenen und inspirierenden Lebensstil vermitteln und regelmäßig darüber sprechen, wie sie gemeinsam ihre Ziele erreichen können.

Rekapitulieren Sie die in diesem Kapitel dargestellten sechs zentralen Inhalte geistlicher Nahrung. Machen Sie sich danach eine Kopie der folgenden Übersicht und entwerfen Sie für jeden der sechs Bereiche eine konzertierte Aktion, die Sie Woche für Woche in Ihren Tagesplan einbauen und praktisch umsetzen. Benutzen Sie diese Liste als tägliche Gedankenstütze, wie Sie die Entwicklung des Geistes Ihres Kindes noch besser und effektiver fördern können.

Beginnen Sie eine Art Tagebuch, in dem Sie jeden Tag in Bezug auf Ihr Kind Gedanken, Gefühle, Aktivitäten, Erfolge, Fehlschläge und bemerkenswerte Erlebnisse notieren. Dieses

Tagebuch kann Ihnen helfen, parallel mit Ihrem Kind Tag für Tag geistlich zu wachsen.

Wöchentliche Aktionen und Erkenntnisse zur Förderung meines Kindes:

1. Wie ich Vertrauen schaffen kann:

2. Wie ich liebevolle Disziplin üben kann:

3. Wie ich Kindern helfen kann, sich ihr Staunen und ihre Entdeckerfreude zu bewahren:

4. Wie ich dazu beitragen kann, daß tragfähige Familienstrukturen entstehen:

5. Wie ich mich selbst disziplinieren kann, um ein besseres Vorbild zu werden, als ich es bisher war:

6. Wie ich die Kommunikation innerhalb der Familie verbessern kann, indem ich so rede, daß die Kinder zuhören, und selbst so zuhöre, daß die Kinder sich mitteilen wollen und können:

Kapitel 7

Steh' auf, werde licht! So wacht Ihr Geist wieder auf

Wie hauchdünn sind die Adern, die uns Leben spenden;
Wie kurz die Äste, wie zart die Blätter.
Wie leicht werden sie ein Spiel des Windes
Namens Zufall, namens Alltag.
Wir kommen in die Welt
Wie beiläufig am Weg gestreute Samen,
Nackt und allein.
Über Nahrung, Wärme, Zuspruch
Entscheidet der Acker nach Gutdünken.
Wir entstehen aus dem Keim, schnappen nach Luft,
Suchen nach Liebe und Obhut,
Innerlich getrieben von Lebenskräften,
Die unser Denken übersteigen.
Wie eindringlich sind die Lektionen des Lebens:
Was lebt, wurzelt im Leben,
Kraft bringt Kraft hervor,
Fürsorge erzeugt Fürsorge,
Liebe erntet Liebe,
Hoffnung bewirkt Hoffnung,
Und wir können uns entscheiden zu wachsen.
Tief in unser'm Inneren
Federt uns immer wieder die Gnade Gottes nach oben.
Sie nimmt die Angst vor der Zerbrechlichkeit
Und läßt das Leben schillern.
Der Tod begegnet uns täglich;
Sein unleugbarer Arm kriecht über unsere Schulter;
Mit häßlichem Hochmut stolziert er über die Erde.
Doch die Kehrseite der Medaille heißt:
Hinter dem Dunkel erstrahlt das Licht des Lebens.

– Norm Bowman

Man kann nicht erwarten, daß der Geist eines Menschen schon allein dadurch aufwacht, daß man seinen Schlafzustand erkannt hat. Dieses Mißverständnis ist vermutlich auf gewisse Formen psychoanalytischer Seelsorge zurückzuführen, die behaupten, Selbsterkenntnis, d. h. das ausreichende Bewußtsein eines Problems, führe ganz natürlich zu einer Lösung und zu Heilung.

Heilung ist kein einfacher Prozeß. Oft türmen sich höchst verwickelte Problematiken im Inneren eines Menschen auf, die seine „Funktionsweise“ als geistlich gesunder und wacher Mensch einschränken und sehr kompliziert machen. Unglücklicherweise leiden viele Menschen an einem klinischen Zustand der Depression oder manisch-depressiven Stimmungsschwankungen, die offensichtlich von einem Ungleichgewicht chemischer Stoffe im Körper hervorgerufen werden. Anhand der kompetenten Diagnose eines Mediziners kann ein derartiges Problem medikamentös effektiv behandelt und somit das emotionale Gleichgewicht wiederhergestellt werden.

Viele andere leiden an Krankheiten, die den ganzen Körper schwächen, haben chronische Schmerzen oder psychische Störungen, die man als echte, schwerwiegende Probleme erkennen und behandeln muß; in solchen Fällen ist meist eine Kombination aus medizinischer Behandlung und geistlicher Therapie angeraten, um Heilung zu bewirken oder den Patienten zumindest in die Lage zu versetzen, seine körperlichen oder psychischen Probleme angemessen zu bewältigen. Wie an früherer Stelle bereits erwähnt, müssen wir uns selbst „holistisch“ sehen, d. h. als von Gott geschaffene Wesen, deren Körper, Geist, Seele und Denken miteinander verwoben sind und in einer Wechselbeziehung miteinander stehen. Gott wirkt in der und durch die Medizin, um Hinweise zur Wiederherstellung körperlicher und psychischer Gesundheit zu liefern. Auf unserer Suche nach Wohlergehen für den Leib und nach der geistlichen Vitalität, die Gott für uns vorgesehen hat, sollten wir die Bedeutung dieses Aspekts nicht geringschätzen.

Der erste Schritt zur Revitalisierung Ihres Geistes ist die Feststellung, ob Sie irgendeine schwerwiegende körperliche oder psychische Krankheit haben, die der Wachheit und Lebhaftigkeit Ihres Geistes im Wege steht. Suchen Sie medizinische

Hilfe und holen Sie sich den ausgewogenen Rat eines professionellen Mediziners oder Beraters, um Ihre Situation realistisch einschätzen und die bestmögliche Behandlung festlegen zu können. Konzentrieren Sie sich erst dann auf verschiedene Möglichkeiten, wie Sie Ihren Geist wieder wecken können, um auf diese Weise das integrale Zusammenspiel von Körper, Denken und Geist zu verbessern.

Ihr Geist schlummert, weil Sie verletzt wurden oder Ihre kostbare Lebensenergie narkotisiert wurde. Nur ein Prozeß, der Heilung und neue „Nahrungszufuhr" miteinander kombiniert, kann Ihren Geist wecken.

Der Heilungsprozeß erfordert, daß Sie jenen vergeben, die Sie verletzt und/oder es versäumt haben, Ihrem Geist die notwendige Nahrung zu geben. Danach müssen Sie einen Prozeß der Kräftigung und Stärkung durchlaufen, der den Geist weckt und verjüngt, damit Sie Schritt für Schritt immer „menschlicher" werden.

Für Sie als Erwachsenen ist die erneute Stärkung und Förderung des Geistes ein Prozeß, in dessen Verlauf Sie immer wieder Entscheidungen treffen müssen und den Ihnen niemand abnehmen kann. Sie können auch nicht damit rechnen, daß Gott mal eben ein Wunder wirkt oder die ganze Problematik im Handumdrehen durch Gebet „repariert" werden wird.

Was Sie nicht erkennen und anerkennen, können Sie auch nicht ändern. Sie müssen gewillt sein, sich zu ändern, und die Bereitschaft haben, die liebevolle Nahrung, die Ihren Geist wecken kann, zu suchen und anzunehmen.

Im fünften und sechsten Kapitel des Epheserbriefs liefert Paulus uns eine herrlich präzise Beschreibung positiver Schritte, die Christen gehen sollten, wenn sie die Fülle des Lebens in Jesus Christus erleben möchten. Wir haben sie zwar schon erwähnt, aber sie sind es wert, noch einmal in Form von Stichpunkten wiederholt zu werden. Folgen Sie diesen Aufforderungen, und schon haben Sie die ersten Schritte auf dem Weg zur Gesundung Ihres Geistes hinter sich.

♦ Seien Sie umsichtig und weise in der Wahl Ihres Lebensstils *(vgl. Eph 5,15)*.

♦ Finden Sie heraus, was dem Herrn gefällt, und werden Sie ein Nachahmer Christi *(vgl. Eph 5,17)*.

♦ Meiden Sie Rauschmittel, die Ihre Sinne benebeln und Sie für unmoralisches Handeln empfänglich machen *(vgl. Eph 5,18)*.

♦ Verbringen Sie unbeschwerte Gemeinschaft mit anderen Menschen, wo viel gelacht und gesungen wird und die Freude des Heiligen Geistes spürbar ist *(vgl. Eph 5,19)*.

♦ Danken Sie Gott für alles, was das Leben Ihnen bringt *(vgl. Eph 5,20)*.

♦ Ordnen Sie sich einander als christliche Geschwister in Liebe und gegenseitigem Vertrauen unter *(vgl. Eph 5,21)*.

♦ Seien Sie, was Ihre Beziehungen innerhalb Ihrer Familie betrifft, ein Ehrenmann und behandeln Sie alle anderen mit Hochachtung und Umsicht *(vgl. Eph 6,1-4)*.

♦ Suchen Sie Kraft, Nahrung und Fürsorge beim Herrn. Vertrauen Sie darauf, daß er die Kraft hat, Sie zu erhalten und zu bewahren *(vgl. Eph 6,10-12)*.

Sie können Ihren Geist nicht aus eigener Kraft neu wecken; dazu brauchen Sie die Hilfe anderer. Auch wenn Sie sich an einen professionellen Berater/Seelsorger wenden, ist es unwahrscheinlich, daß im Rahmen solcher „Vier-Augen-Gespräche" die Heilung und Förderung des Geistes auf zufriedenstellende Weise bewirkt werden kann. Den Geist eines Menschen weckt man am besten und effektivsten durch Austausch und Gemeinschaft in einer Kleingruppe.

Ein schlummernder Geist braucht Freunde, die ihn mit ihrer Liebe wieder zum Leben erwecken. Vor diesem Hintergrund möchten wir Ihnen nun Vorschläge unterbreiten, wie Ihr Geist geweckt werden kann und wie Sie seine lebensspendende Kraft bewahren können.

❦ Finden Sie heraus, in welchen Bereichen Ihr Geist eventuell schläft

Machen Sie sich Ihren Mangel bewußt und prüfen Sie, in welchen Lebensbereichen Sie Schwierigkeiten haben. Machen Sie eine Bestandsaufnahme Ihrer Gefühle und Verhaltensweisen, um festzustellen, welche Aktivitäten Sie am meisten begeistern, anspornen und beflügeln und welche Ihr Interesse am wenigsten wecken. Wie viele der folgenden Fragen können Sie mit „Ja" beantworten?

♦ Verstehen Sie Gesprächspartner intuitiv und kommunizieren Sie mit ihnen von Herz zu Herz? Oder müssen Sie erst auf der Verstandesebene genau nachdenken, um das Richtige erwidern zu können?

♦ Fällt es Ihnen leicht, mit Freunden mitzufühlen? Weinen Sie mit ihnen, wenn sie traurig sind? Lachen Sie mit ihnen, wenn sie fröhlich sind? Oder können Sie lediglich verstandesmäßig reagieren?

♦ Sind Sie in der Lage, über einen längeren Zeitraum hinweg enge Beziehungen zu pflegen?

♦ Sind Sie ein lebensfroher Mensch, der bei Spiel und Spaß mit anderen uneingeschränkt mitmachen kann?

♦ Haben Sie Sinn für Humor?

♦ Fühlen Sie sich Gott nahe? Können Sie in der Anbetung mit anderen Christen und in Ihrer „Stillen Zeit" seine Gegenwart spüren und genießen? Oder erleben Sie Gott nur von fern und lediglich aus Glauben heraus?

♦ Haben Sie das Gefühl, daß Sie geistlich lebendig sind?

♦ Ist Sex mit Ihrem Ehepartner eine heilige Begegnung oder nur ein angenehmes Gefühl, das Sie genausogut auch mit jemand anderem erleben könnten?

♦ Werden Sie leicht von neuen Ideen und Gedanken inspiriert?

♦ Schwärmen Sie für gute Musik und Kunst oder stehen Sie solchen Dingen desinteressiert und teilnahmslos gegenüber?

♦ Regt sich Ihr Gewissen mit Nachdruck schon vor einer Tat oder weist es Sie erst im nachhinein darauf hin, daß Sie dies oder jenes nicht hätten tun sollen?

♦ Spüren Sie Kraft und Erfrischung, wenn Sie in freier Natur sind oder empfinden Sie bei so einem Spaziergang auch nicht mehr als sonst?

Notieren Sie sich die Lebensbereiche, in denen Sie sich am „schläfrigsten" fühlen und die Ihrer Meinung nach einer Verjüngungskur bedürfen. Gehen Sie in Gedanken noch einmal ganz genau Ihre Beziehung zu Ihren Eltern und anderen wichtigen Bezugspersonen Ihrer Kindheit und Jugend durch und fragen Sie sich, inwieweit Sie durch sie Stärkung, Zuspruch und Förderung erfuhren.

Am meisten kommt dabei heraus, wenn Sie diese Themen mit einem engen Freund besprechen oder sich in einer Kleingruppe vor Menschen mitteilen, die verstehen, weshalb Sie sich nach dem Erwachen Ihres Geistes sehnen.

♦ Wie waren Ihre Eltern?

♦ Wie nahe standen sie Ihnen während Ihrer Kindheit und Jugend?

♦ Inwieweit zeigten Ihre Eltern und andere Familienangehörige ihre Liebe nach außen durch bestimmte Gesten und körperliche Nähe?

♦ Haben sie Sie unterstützt und ermutigt? Auf welche Weise?

♦ Inwieweit haben sie Ihnen das Leben als etwas Dynamisches, Kraftvolles und Erstrebenswertes vermittelt?

♦ Welche Beziehung haben Sie heute zu Ihren Eltern?

♦ Hegen Sie Groll oder Zorn? Trauern Sie bestimmten Dingen nach? (Vielleicht ist mehr in Ihnen als Sie sich bewußt sind. Schreiben Sie alles auf, was Sie jetzt an sich erkennen.)

♦ Inwieweit sind Sie bereit, die Vergangenheit hinter sich zu lassen, und den Menschen zu vergeben, die Ihnen weh getan haben?

♦ Wie sehr sehnen Sie sich nach einem wacheren Geist?

❦ Suchen Sie in Ihrer eigenen Familie nach Liebe
Liebe bei Eltern oder engen Verwandten zu suchen kann ein schwieriges Unterfangen sein, vor allem, wenn diese in der Vergangenheit Ihr Problem mitverursachten. Doch ein neuer Versuch, engere Beziehungen zu Familienangehörigen aufzubauen, ist immer gut. Dazu gehören z. B. Gespräche, die tiefer gehen als der übliche Small talk über Fernsehshows, das Wetter oder die neuesten Einkaufsmöglichkeiten. Schärfen Sie Ihr Bewußtsein dafür, wie Sie Gefühle mitteilen und machen Sie in Gesprächen aus Ihrem Herzen keine Mördergrube.

Unter Umständen ist es frustrierend, bei anderen Menschen (vor allem bei Familienangehörigen) Gefühle zu wecken, die es nicht gewöhnt sind, sich auf diese Weise mitzuteilen. Machen Sie etwas Außergewöhnliches: Legen Sie einen Zettel mit einer freundlichen Mitteilung auf den Tisch, schicken Sie eine Postkarte, rufen Sie ohne besonderen Grund an, ergreifen Sie die Gelegenheit, jemandem ein Kompliment zu machen. Dafür, daß die anderen nicht bereit sind, liebevoll zu reagieren, können Sie auf keinen Fall die Verantwortung übernehmen. Aber Sie können es sich auch nicht erlauben, ihnen wegen ihrer Unfähigkeit zu grollen. Sie selbst können sich noch mehr öffnen und noch mehr Bereitschaft zur Verletzbarkeit zeigen. Außerdem können Sie anfangen, jene offenen Fragen zu stellen, die für das Gegenüber keine Bedrohung darstellen und ihm vielmehr die Gelegenheit geben, etwas von sich zu erzählen.

Wer seine Beziehungen vertiefen möchte, sollte auch darauf achten, wie er seiner Zuneigung noch besser durch Gesten und körperliche Nähe Ausdruck verleihen kann. Falls Sie in sich einen Widerwillen spüren, andere zu umarmen, selbst umarmt zu werden, mit jemandem Hand in Hand zu gehen, nahe bei jemandem zu sitzen oder sich ruhig und konzentriert mit jemandem zu unterhalten, ohne von Fernseher, Radio oder Hausarbeit abgelenkt zu werden, sollten Sie sich anstrengen, diese Barriere zu überwinden. Durch solche kleinen Signale und Erfahrungen kann Ihr Geist erfrischt werden und eine neue Ebene des Wachseins erreichen.

Sprechen Sie mit Ihren Eltern, Geschwistern, Onkel, Tanten und Kindern darüber, inwieweit es in Ihrer Familie üblich ist, Zuneigung zu zeigen. Wenn die äußerlichen Ausdrucksformen der Liebe nur spärlich vorhanden sind, sollten Sie die anderen Familienangehörigen ermutigen, sich nicht vor Körperkontakt zu scheuen. Bitten Sie um eine Umarmung. Umarmen Sie sich zur Begrüßung und zum Abschied. Nehmen Sie sich bei Familienfesten oder beim gemeinsamen Essen zum Beten an der Hand. Probieren Sie auch einmal aus, wie es ist, wenn sich die ganze Familie auf einmal umarmt, oder stellen Sie sich als Familie im Kreis auf, legen Sie ihren Arm auf die Schulter des Nebenmanns und singen Sie gemeinsam ein Lied. Etablieren Sie diese Art der körperlichen Nähe schrittweise als „Familienritual der Liebe". Manche Familienangehörige sind dazu vielleicht nicht fähig. Ihr Geist schläft noch zu fest, aber wenigstens haben Sie es versucht.

❦ Identifizieren Sie sich mit Glaubensgeschwistern, die Sie verstehen, unterstützen und in Liebe herausfordern

Ein weiser Seelsorger wird seinem Ratsuchenden immer empfehlen, sich einer Kleingruppe anzuschließen, die den laufenden Heilungs- und Wachstumsprozeß unterstützen kann. Falls dies nicht der Fall ist oder der Seelsorger Sie keiner Gruppe vorstellt, dann machen Sie einfach selbst eine Gruppe auf. Das muß nicht generalstabsmäßig organisiert werden. Strecken Sie bei Mitchristen, mit denen Sie schon gebetet haben oder gerne beten möchten, Ihre Fühler aus. Laden Sie sie zum Kaffeetrinken oder zum Abendessen ein. Fragen Sie sie, ob sie daran interessiert wären, in einer Kleingruppe mitzumachen, deren Teilnehmer sich austauschen, füreinander beten, einander Zeichen der Liebe geben und unterstützen. Dann fangen Sie einfach an.

Falls Ihnen das zu schwierig erscheint, denken Sie an das alte Sprichwort, daß man ein Freund sein muß, wenn man einen Freund haben will. Das gilt auch für christliche Freunde. Beziehungen bauen heißt da sein, offen sein und geduldig sein.

Es geschieht so oft, daß jemand eine Gemeinde besucht und im Grunde schon im vornhinein davon ausgeht, daß er abgelehnt werden wird; er hat die Einstellung, die Menschen dort müßten bestimmte Anforderungen erfüllen, um zu beweisen, daß sie herzlich und gastfreundlich sind. Wenn die Mitglieder dieser Gemeinde dann nicht „in angemessener Weise" die Initiative ergreifen, kann man sagen, sie seien ein unfreundlicher Haufen und man würde sich bei ihnen ohnehin nicht wohl fühlen.

Zugegeben, der Leib Christi ist voller Klüngelei, Scheinheiligkeit und Sündhaftigkeit. Aber die Welt auch, ja sogar noch viel mehr. Die Gemeinde ist und bleibt der Ort, an dem die Wahrscheinlichkeit am größten ist, daß man Menschen trifft, die einen lieben, annehmen und helfen, das Maximum aus dem eigenen Ich herauszuholen.

Es gibt eine kleine, nur wenigen bekannte Abkürzung auf dem Weg zu dem, was man will: Bitten Sie darum. Wenn die anderen raten müssen, was Ihnen fehlt, dann wird es für sie zur Geduldsprobe, Sie kennenzulernen; noch dazu sinkt die Wahrscheinlichkeit, daß Sie genau die Reaktion bekommen, die zur Heilung Ihres verwundeten Geistes beitragen wird. Versuchen Sie es immer wieder, bis sich schließlich eine Gruppe von Freunden herauskristallisiert hat, die gemeinsam durch dick und dünn geht. Seien Sie geduldig, aber hartnäckig. Nicht jeder ist bereit, sich der Dynamik und Freimut auszuliefern, die innerhalb einer Kleingruppe entstehen können. Sie dürfen jedoch nie vergessen, daß es auf der Welt noch viele Menschen wie Sie gibt, die dieselben Anliegen haben und denselben Wunsch, im Herrn zu wachsen und im Geist lebendig zu werden.

Häufig wird den eng befreundeten Teilnehmern einer Kleingruppe schon allein dadurch geholfen, wacher im Geist zu werden, daß man sich einfach nur trifft und einander seine Liebe zeigt. Es ist jedoch idealer und effektiver, wenn die Gruppe von innerer Heilung eine Ahnung hat und die Vorstellung vom schlummernden Geist nachvollziehen kann. Man kann ungleich mehr erreichen, wenn die Gruppe die speziellen Nöte und Bedürfnisse des einzelnen kennt und weiß, wie sie seinen Geist ermutigen kann, sich zu öffnen und aufzuwachen.

❦ Verschaffen Sie sich innere Erleichterung durch fröhliche Unterhaltung und Spaß ohne schlüpfrige Untertöne

Spielen Sie so oft wie möglich; suchen Sie Gelegenheiten, das Leben in vollen Zügen zu genießen und sich zu erholen. Lesen Sie erbauliche Literatur. Greifen Sie zu Geschichten mit echten Helden, zu inspirierenden Erzählungen, zu Fantasy-Literatur und zu Büchern, in denen hohe Werte vermittelt werden, ja sogar zu Märchenbüchern aus der Kindheit, die verlorene kindliche Aspekte wiederherstellen können. Sehen Sie sich inspirierende Filme an (auch wenn man sich heutzutage schwer tut, so etwas noch zu finden). Meiden Sie Filme voll mit dumpfer Gewalt, Sex und Ausbeutung sowie Action-Filme und Thriller. Entscheiden Sie sich vielmehr für alte und neue klassische Stoffe, die den Geist auferbauen, von Heldenmut, Liebe und einem unbezwingbaren Geist erzählen, und einen Sinn für saubere Komik und Humor haben.

Genieren Sie sich nicht und lachen Sie aus vollem Herzen, auch über die Kapriolen alter Slapstick-Filme. Versuchen Sie nicht, sich zu beherrschen, sondern weinen Sie, wenn eine ergreifende Geschichte Sie bewegt. Ihr Geist atmet auf, wenn Sie Ihren Emotionen in einem guten Rahmen Ausdruck verleihen.

Spielen Sie mit Ihren Kindern, Nichten, Neffen oder Nachbarskindern. Geben Sie dem Kind in Ihnen Raum und genießen Sie die einfachen Spiele, die Kindern so viel Spaß machen.

Eine Freundin von uns erzählte, wie ihre Tochter ihr half, die kindliche Freude zu wecken, die tief in ihr verschüttet gewesen war. Jahrelang fürchtete sie sich regelrecht vor den Bitten ihres Kindes, mit ihm zum Spielplatz zu gehen. Oft ging sie mürrisch mit und schaute nur zu. Doch da ihre Tochter sie immer wieder aufforderte, fiel es ihr allmählich leichter, selbst mitzumachen und auch einmal auf die Schaukel zu gehen und das Karussell anzuschieben oder gar selbst damit zu fahren. Indem sie mitspielte und an der Freude ihrer Tochter teilnahm, fielen immer mehr emotionale Mauern. Schon bald freute sie sich auf den Spielplatz. Die Zeit dort war erfrischend, gab ihr neue Kraft und sie stellte an sich selbst fest, daß sie sich für die kleinen Dinge des Lebens, an denen sie früher achtlos vorübergegangen war, immer mehr öffnete und begeisterte.

Nehmen Sie das Leben nicht so bierernst. Tun Sie sich selbst etwas Gutes und nähren Sie sich selbst – machen Sie alle möglichen lustigen Dinge. Gehen Sie zurück zum sechsten Kapitel und lesen Sie nach, was man alles mit Kindern machen kann. Übernehmen Sie die Rolle des Kindes und tun Sie selbst, was dort beschrieben wird (Na los! Nehmen Sie doch einmal ein Bad bei Kerzenlicht oder mit Taucherbrille, damit Ihnen das Shampoo nicht in die Augen läuft! Warum denn nicht?)

Treffen Sie sich oft mit anderen Christen. Suchen Sie ihre Gemeinschaft, um mit ihnen zu reden, zu singen, zu lachen und zu spielen. Werden Sie zu einem echten und quicklebendigen Menschen.

Zeigen Sie Interesse an den Familien Ihrer Glaubensgeschwister. Erweitern Sie den Kreis derer, denen Sie Liebe schenken. Achten Sie auf Kleinigkeiten. Nehmen Sie sich Zeit, um Geburtstage, Jahrestage, Festtage und besondere Leistungen zu feiern. Wenn Sie nicht die Gelegenheit haben, einander zu besuchen, dann telefonieren Sie regelmäßig miteinander.

Erfreuen Sie einander mit kleinen Aufmerksamkeiten. Überraschen Sie Ihre Freunde mit einem Kuchen oder geben Sie ein besonderes Rezept weiter. Empfehlen und verleihen Sie ein gutes Buch. Bitten Sie um Rat oder lassen Sie sich einen Arzt empfehlen. Seien Sie freundlich, seien Sie ein Freund.

Ein Wort an alle Ehemänner und -frauen: Überschütten Sie einander herzlich und freimütig mit Liebe. Auf diese Weise bekommt jeder von Ihnen Bestätigung und neue Lebenskraft. Geben Sie einander gern und seien Sie abenteuerlustig, was Sex betrifft. So wird Ihre Beziehung immer intimer und Sie helfen einander, lebendig zu werden.

❦ Tun Sie sich selbst etwas Gutes, indem Sie ausreichend schlafen, Sport treiben und sich gesund ernähren

Gerne empfehlen Ärzte ihren Patienten, die unter Streß und nervlicher Anspannung leiden, regelmäßig Sport zu treiben und sich irgendeine angenehme Freizeitbeschäftigung zu suchen. Dieser gute Rat gilt auch für den schlummernden Geist. Werden Sie aktiv: Treiben Sie Sport oder suchen Sie sich ein Hobby.

Gehen Sie in einen Basketball- oder Volleyballverein, einen Kegelklub oder in Handarbeits- bzw. Bastelkurse. Werden Sie Teil der Gemeinschaft. Bemühen Sie sich, verletzbarer zu werden. Gehen Sie ein Risiko ein und tun Sie auch einmal etwas Leichtsinniges und Komisches. Fordern Sie sich selbst heraus. Schließen Sie ein Projekt erfolgreich ab und seien Sie stolz auf sich selbst. Oder hauen Sie voll daneben und fühlen Sie sich wie ein kleines Kind, das trotz allem glücklich darüber ist, daß es wenigstens den Versuch unternommen hat. Treiben Sie Sport bis Sie völlig außer Atem sind und freuen Sie sich auf ein herrlich heißes Bad und einen tiefen Schlaf in frischen Bettlaken.

Auch Ihrer Ernährung kommt große Bedeutung zu. Nehmen Sie keine fette, übermäßig süße und gehaltlose Kost zu sich. Essen Sie reichlich Obst und Gemüse. Essen Sie mit Maß und Ziel. Meiden Sie Aufputschmittel und Beruhigungsmittel wie Koffein, Nikotin und Alkohol. Hüten Sie sich vor allem vor Marihuana und anderen bewußtseinserweiternden Drogen, die ihren Geist noch mehr einschläfern als je zuvor.

❦ Lesen Sie gute christliche Literatur, um sich selbst zu entdecken, Ihre „Stille Zeit" zu bereichern und Inspiration zu bekommen

In christlichen Buchhandlungen und Büchereien findet man ein reichhaltiges Angebot an guten Büchern, angefangen bei klassischen christlichen Schriftstellern bis hin zu zeitgenössischer Dichtung und erwecklicher Literatur. Biographien großer geistlicher Männer und Frauen sind wahre Schätze, die es zu heben gilt. Forschen Sie nach, welche Werte eine christliche Familie auszeichnen sollten und stellen Sie sich die Aufgabe, Ihren eigenen ethischen Standpunkt zu definieren.

Nehmen Sie an Bibelkursen unter fachlicher Leitung teil, die sich damit beschäftigen, wie Gott durch die Schrift ganz persönlich zu Ihnen sprechen kann. Denken Sie nicht mehr in Kategorien wie: „Das sollte ich tun" oder „Das müßte ich tun", die nur zur Folge haben, daß Sie sich noch mehr anstrengen und abrackern. Entdecken und freuen Sie sich über die echten Leidenschaften und Emotionen biblischer Figuren.

Wenn Sie auf wichtige Zitate stoßen, schreiben Sie sie auf und kleben Sie sie an den Kühlschrank oder ans schwarze Brett. Machen Sie sie zu einem Teil Ihres Lebens. Geben Sie gute Ideen und inspirierende Gedanken an Freunde weiter.

Lernen Sie, sich auszudrücken und mitzuteilen. Schreiben Sie jeden Tag Ihre Gedanken und Gebete nieder. Schreiben Sie Ihre eigenen kleinen Lobpreispsalmen für die einfachen Dinge des Lebens, die Ihnen Freude machen und für die Sie Gott danken können. Begeistern Sie sich über gute Ideen, die Ihnen Inspiration liefern.

❦ Verbringen Sie viel Zeit in der freien Natur, mit Musik und Kunst

Viel Natur ist ein Balsam für den Geist. Gehen Sie im Park oder im Wald spazieren. Zelten Sie oder gehen Sie angeln.

Machen Sie Strandspaziergänge und suchen Sie nach Muscheln oder Treibholz. Gehen Sie nachts hinaus und betrachten Sie den Sternenhimmel. Lassen Sie die Schönheit von Sonnenauf- und -untergängen auf sich wirken. Erleben Sie, wie großartig und herrlich Gottes Schöpfung ist.

Hören Sie gute Musik, die entspannt, Ihre Phantasie anregt oder Sie geistlich beflügelt.

Beschäftigen Sie sich auch mit guter Kunst. Verbringen Sie Zeit in Museen, Gemäldegalerien oder studieren Sie Kunstbücher, die Ihr kreatives Interesse wecken.

❦ Schenken und gestatten Sie körperliche Nähe in christlicher Liebe und Verbundenheit

Versuchen Sie, Ihren Gesprächspartnern immer in die Augen zu schauen. Scheuen Sie sich nicht, die Hand eines anderen Menschen zu ergreifen, ihn freundschaftlich am Arm oder an der Schulter zu berühren oder ihn bei Begrüßung und Abschied zu umarmen. Fördern Sie das Gemeinschaftsgefühl innerhalb der Gruppe, indem Sie einander beim Beten berühren. Segnen Sie einander mit Handauflegung.

Umarmen Sie Ihre Kinder, auch wenn es Ihnen ein wenig komisch vorkommt oder Sie vielleicht den Eindruck haben, sie wären schon zu alt für solche Liebeszeichen. Legen Sie Ihren Arm auf ihre Schulter, wenn Sie mit ihnen spazierengehen oder reden. Entspannen Sie sich und erlauben Sie sich auch körperliche Ausdrucksformen Ihrer Zuneigung zu ihnen.

Seien Sie ehrlich zu sich selbst, was Ihre Gedanken und Gefühle betrifft. Unterscheiden Sie selbst zwischen sexueller Anziehungskraft und den unzweideutigen Ausdrucksformen von Liebe und Freundschaft. Bitten Sie Jesus, die Wollust aus Ihren geplagten Gedanken wegzunehmen und sie zum Tod ans Kreuz zu bringen, damit Sie ohne Hintergedanken und ohne den Ballast verborgener sexueller Neigungen Beziehungen aufbauen können.

Stellen Sie sich Ihrer Empfänglichkeit für sexuelle Reize und lassen Sie sich von Gott dabei helfen, die Versuchung durch Gebet zu bezwingen. Beten Sie dafür, daß Ihr Denken und Fühlen umgestaltet wird, damit sich in Ihre Gedanken und Gefühle über Körperkontakt keine Hintergedanken mehr einschleichen.

❦ Helfen Sie anderen mit Rat und Tat

Konzentrieren Sie sich nicht nur auf Ihre eigenen Bedürfnisse. Lernen Sie das Zusammenspiel von Geben und Nehmen. Wenn

Sie möchten, daß andere für Sie da sind, dann müssen Sie auch bereit sein, für andere da zu sein. Halten Sie die Augen offen. Der Dienst an Menschen, die Not leiden, wird Sie dazu veranlassen, die Prioritäten in Ihrem Leben neu zu überdenken und Ihre Nöte ins rechte Licht zu rücken. Die einzige Gefahr besteht darin, daß Sie sich in einer Art Flucht so sehr auf die Bedürfnisse anderer Menschen konzentrieren, daß Sie nicht mehr daran arbeiten, Ihren eigenen Geist zu wecken.

❦ Beten Sie für Ihre Heilung

Fordern Sie das Kind in Ihnen auf, jenen zu vergeben, die Ihnen Nahrung vorenthielten. Beten Sie dafür, daß Ihr steinernes Herz weich wird.

Beten Sie um Befreiung von inneren Schwüren, die Sie davon abhalten, sich für andere Menschen verletzbar zu machen. Vertrauen Sie darauf, daß das Risiko größerer Offenheit mit Freundschaft und erneuertem Vertrauen reich belohnt werden wird.

Beten Sie, daß der Heilige Geist mit Ihnen eine Entdeckungsreise macht, damit Ihnen die einfachen Freuden des Lebens und das Wunder tiefer persönlicher Beziehungen mehr und mehr bewußt werden.

Beten Sie für andere und bitten Sie sie um Gebet. Beten Sie in dem Vertrauen, daß Gott die Macht hat, Sie umzugestalten, und daß Sie durch das Kreuz Christi alle Schwierigkeiten überwinden werden. Beten Sie dafür, daß Ihr Geist wieder lebendig, geschärft und vital wird.

Reden Sie im Lauf des Tages bei jeder Gelegenheit mit Gott in Form von „Stoßgebeten“. Machen Sie Gebet zu einem Lebensstil. Hören Sie, was Gott Ihnen als Reaktion auf Ihr Gebet sagen möchte.

Achten Sie auf ungewöhnlich eindringliche und sich wiederholende Träume. Beten Sie dafür, diese Träume verstehen und darin enthaltene Botschaften Gottes hören zu können.

Beginnen Sie jeden Tag mit einem lauten Gebet, in dem Sie leidenschaftlich ja sagen zum Leben, zur Öffnung des eigenen Ichs, zu Beziehungen, zur Liebe, zur Lebensfreude und zum Spaß. Wenn sich unser Denken tatsächlich auf unsere Identität auswirkt, dann sollten Sie aus Ihren Gedanken im Lauf des Tages ein Gebet der positiven Proklamation vor Gott machen. Sagen Sie sich selbst und Gott, daß Sie durch die Art und Weise Ihres Denkens und Verhaltens einen hellwachen Geist veranschaulichen und vorwegnehmen werden.

Zahlen Sie jeden Preis in Form von Selbstdisziplin, Vertrauen, Verletzbarkeit und persönlichem Schmerz, um wieder lebendig zu werden.

> Jesus sagte, er sei gekommen, damit wir Leben im Überfluß hätten. Jagen Sie diesem Leben nach!

❦ **Herr**, gib' mir den Mut, eingefahrene Verhaltensmuster zu durchbrechen und neue Quellen der Erfrischung und des Wachstums auszuprobieren. Hilf mir, meine Starrheit, Schwere und bedrückte Ernsthaftigkeit über Bord zu werfen.

Lehre mich zu spielen, damit das Kind in mir eine Chance zum Leben bekommt.

Gib' mir die Fähigkeit, immer wieder neu ja zum Leben zu sagen, sowohl in meinem Gebetsleben als auch in meinen Haltungen und Handlungen mir selbst und anderen gegenüber.

Mach' meinen Geist so stark, daß ich die Initiative ergreifen und auf andere Menschen zugehen kann, damit sie mich kennenlernen und mir dienen können und damit ich selbst sie kennenlernen und ihnen dienen kann.

Hilf' mir, in der Freude über deine liebevolle Barmherzigkeit zu leben.

❦

Praktische Anwendung: Steh auf, werde licht! So wacht Ihr Geist wieder auf

1. Wiederholen Sie die Fragen, die Sie sich bereits auf den Seiten 125-127 unter der Überschrift „Finden Sie heraus, in welchen Bereichen Ihr Geist eventuell schläft“ gestellt haben. Sprechen Sie mit Ihrer Gruppe oder einem Freund über die Bereiche Ihres Lebens, in denen eine Erneuerung am dringendsten erforderlich ist.

2. Entwerfen und notieren Sie einen persönlichen „Plan zur geistlichen Erneuerung"; halten Sie darin Taten und Aktivitäten fest, die Sie als Reaktion auf die folgenden Vorschläge unternehmen werden. Achten Sie darauf, daß Sie in jedem Bereich mindestens einmal pro Woche aktiv werden.

Ich suche in meiner eigenen Familie nach Liebe.
Ich werde ...

Ich suche mir eine Kleingruppe mit christlichen Freunden, die mich in Liebe verstehen, unterstützen und herausfordern können.
Ich werde ...

Ich verschaffe mir innere Erleichterung durch Unterhaltung und Spaß.
Ich werde ...

Ich tue mir selbst etwas Gutes in den Bereichen Schlaf, Sport und Ernährung.
Ich werde ...

Ich lese gute christliche erweckliche Literatur.
Ich werde ...

Ich verbringe Zeit in der Natur, mit Musik und Kunst.
Ich werde ...

Ich schenke und gestatte körperliche Nähe in christlicher Liebe und Verbundenheit.
Ich werde ...

Ich helfe anderen mit Rat und Tat.
Ich werde ...

Ich bete für innere Heilung.
Ich werde ...

Machen Sie sich Gedanken darüber, wie jede der oben schriftlich festgehaltenen Aktivitäten im Rahmen Ihres wöchentlichen und täglichen Arbeitspensums verwirklicht werden kann. Tragen Sie jede einzelne in Ihren Kalender ein, damit Sie immer wieder an diese Möglichkeiten, Ihren Geist zu wecken, erinnert und zu deren Umsetzung ermutigt werden.

Kapitel 8

Nahrung und Zuwendung durch Familienangehörige, Freunde und Kleingruppen

Ich war noch nie so allein wie damals.
Eine kalte Sonne hing am fahlen Himmel.
Nur der Horizont trug einen goldenen Kamm.
Zeichen eines Lebens, das unerreichbar schien.
Ich trottete mit gesenktem Haupt
Durch die Kühle des gestrigen Schauers.
Auf der Suche nach Einsamkeit
Wehrte ich dem Frösteln und Schaudern,
Stürzte ich mich in das Nirgendwo
Meines dicht gedrängten Tagesablaufs.
Und dann du.
Wie aus dem Nichts.
Eine Beleidigung für meine Isolation.
Mit einem Lachen im Gesicht warfst Du mich um
Mit deiner unausweichlichen Gegenwart.
Urplötzlich konfrontiert mit
Liebe, Hoffnung, Freude, Begegnung
Kam ich ins Taumeln.
Und ich hatte Angst –
Nicht vor dir,
Sondern vor mir und vor dem, was aus mir geworden war.
Deine sanfte, christliche Freude
Traf mich wie ein Schlag ins Gesicht
Und weckte das Bewußtsein
Eines noch ungeborenen Lebens in mir.
Ich hatte nur die Kälte gespürt.
Ich hatte mein Haupt nicht erhoben,
Um die Verheißung am Himmel gezeichnet zu sehen.
Ich hatte meinen Geist nur noch schwach glimmen
Und verlöschen lassen.

Dann du, mit einem Lachen im Gesicht.
Völlig unerwartet.
Danke, daß du die Fülle hattest,
Danke, daß du Gottes Bote warst,
Danke, daß du Gottes Werk tatest.
Danke für den belebenden, heilsamen Schock
Durch dein glückliches, lachendes Gesicht
Und die Dynamik eines liebevollen Christen.

– Norm Bowman

Es gibt zwei Arten von Familie, die unserer Meinung nach sehr wichtig sind, um den schlummernden Geist zu wecken: **Unsere eigene Familie**, in die wir hineingeboren wurden, und die **Familie Gottes**, in der alle, die an Jesus Christus glauben, miteinander verwandt sind. Wir haben schon eingehend darüber gesprochen, wie wesentlich es ist, daß unsere eigene Familie ihre gottgewollte Verantwortung ergreift und uns geistlich nährt, damit wir wahrhaft menschliche Männer und Frauen werden. Ob ein Kind in den Genuß dieser Art von Nahrung kommt, entscheidet sich in seinen ersten Lebensjahren.

Wenn das Kind von seiner eigenen Familie Liebe, Zuwendung, körperliche Nähe und geistliche Nahrung bekommt, kann der natürliche Überschwang seines Geistes bis ins Erwachsenenalter bewahrt werden. Falls sein Geist jedoch von Anfang an keine Nahrung bekommt oder später bedingt durch Sünde, Vernachlässigung der Beziehung zu Gott oder einen geistlich armen, wenngleich verführerischen Lebensstil einschläft, muß er durch die Hilfe von Freunden wieder „aufgepäppelt“ bzw. „wiederbelebt“ werden.

Genausowenig wie man einen Sünder mit Drohreden zur Buße bewegen kann, können Familienmitglieder oder Freunde einen Schlummernden durch wiederholtes Schütteln aufwekken. Ein schlummernder Geist braucht weder Zurechtweisungen noch Kritik, noch gute Ratschläge.

Die Erkenntnis, daß man schläft, und der Wille, wach zu werden, müssen aus dem Herzen des Schlummernden selbst kommen. Wer dies jedoch fördern möchte, sollte sich mit einer Gruppe von sanftmütigen, liebevollen und fröhlichen Freunden identifizieren.

Falls die Familienangehörigen selbst im Geiste schlummern und geistlich „bewußtlos" sind, muß die erweiterte Familie Gottes die Rolle des „geistlichen Ernährers" übernehmen, um den Schläfer zu wecken.

Dieser Prozeß ist jedoch langwierig und nicht gerade einfach; zudem darf man nicht meinen, der Betreffende werde infolge einer raschen und wunderbaren Umgestaltung von heute auf morgen aufwachen. Das Erwachen kann nicht ohne unser Zutun allein durch andere bewirkt werden; vielmehr müssen wir selbst fest dazu entschlossen sein, getragen von der unbeirrbaren Liebe und Ermutigung anderer Menschen. Freunde und Familienangehörige müssen erkennen, daß das Wecken des schlummernden Geistes in den meisten Fällen ein langer Weg ist, auf dem man zwei Schritte vor- und einen zurückgeht. Auf diesem Weg kommt man an vielen verwirrenden Abzweigungen vorbei, und oft behindert Nebel die Sicht. Doch diese Reise ist von unendlich großem Wert, sowohl für den Pilger selbst als auch für seine Begleiter.

Die beste Hilfe für einen Erwachsenen, der erkennt, daß sein Geist schlummert, ist die liebevolle Zuwendung und Förderung innerhalb einer Kleingruppe. Jede christliche Gemeinschaft bzw. Gemeinde sollte Hauskreise oder Zellgruppen haben, die sich mit der Bibel, Gebet und innerer Heilung befassen, sowie mit Diensten, die die eigene Energie nach außen kanalisieren.

Die Kleingruppen sind es, in denen „Gemeinde" wirklich gebaut und gelebt wird, denn genau dort wird das Werk Christi in der Welt getan. In den Kleingruppen wird Gott durch die Liebe real und greifbar. Kleingruppen schaffen die Möglichkeit, daß die Kraft des Heiligen Geistes in echter Gemeinschaft wirken kann; dort wird die Gnade Gottes lebendig, wirkt sich im Leben einzelner Personen konkret aus und heilt von Sünde und Vernachlässigung geschlagene Wunden.

Ein Familienangehöriger oder Freund kann einem lieben Menschen keine größere Wohltat erweisen als ihn in eine Kleingruppe hineinzunehmen, die ihn durch Liebe wieder zum Leben zurückführen kann. Solche Gruppen sind immer unvollkommen, und nicht jede behagt einem. Aber es lohnt sich, nach der richtigen Gruppenzusammensetzung zu suchen, die einem die belebende Kraft der Gnade Gottes vermitteln kann.

Wie christliche Kleingruppen ihr maximales Heilungspotential ausschöpfen können

1. Treffen Sie sich regelmäßig und verbindlich zu einer bestimmten Zeit

Wer Beziehungen bauen möchte, muß präsent sein, sowohl körperlich als auch emotional. Wenn eine Gruppe produktiv sein soll, muß sie sich so regelmäßig treffen, daß ihre Teilnehmer einander Woche für Woche kräftigen und stützen können und kontinuierlich auf dem Laufenden sind, was im Leben der einzelnen Leute geschieht.

Es ist von entscheidender Bedeutung, daß die Gruppe bestimmte Spielregeln unbedingt einhält. Zunächst sollte sich jeder verpflichten zu kommen, wann immer er kann, und nicht nur als distanzierter Beobachter, sondern mit der Bereitschaft, etwas aus der Tiefe seines Herzens weiterzugeben.

Treffen Sie sich die ersten sechs Wochen immer am selben Ort, um das Zusammengehörigkeitsgefühl innerhalb der Gruppe zu stärken. Legen Sie zusammen und engagieren Sie sich einen Teenager, der während des Treffens auf die Kinder aufpaßt. Sie könnten den „Babysitterdienst" auch unter sich aufteilen, d. h. die Kinder immer bei einer Familie abgeben und so Woche für Woche durchwechseln.

Wenn sich eine Kleingruppe trifft, kann die Atmosphäre von großer Bedeutung sein. Grelles Licht und große Räume sind für einen intensiven Austausch nicht förderlich. Suchen Sie sich vielmehr einen ruhigen Treffpunkt, wo man durch nichts abgelenkt wird und ein Gefühl der Behaglichkeit vermittelt bekommt. Ein Wohnzimmer wäre ideal, vorausgesetzt, es läutet nicht andauernd das Telefon und es stören keine Kinder.

Wenn Sie sich in einem Gemeindesaal treffen müssen, dann setzen Sie sich in einer Ecke zusammen, legen Sie einen Läufer auf den Boden, stecken Sie eine Stehlampe ein und schalten Sie die Saalbeleuchtung aus. Setzen Sie sich eng Schulter an Schulter, damit einerseits das Gemeinschaftsempfinden gestärkt wird und andererseits jeder den anderen sieht und hört.

2. Um die bestmöglichen Resultate zu erzielen, sollte ein kompetenter Gruppenleiter (bzw. eine Gruppenleiterin) ernannt werden

Man hat schon davon gehört, daß Kleingruppen, in denen die Teilnehmer alles gemeinsam und spontan entscheiden, recht erfolgreich sein können. Steht jedoch ein anerkannter Leiter zur Verfügung, der die in der Gruppe ablaufenden Prozesse erleichtern kann, wird diese sich höchstwahrscheinlich viel leichter auf ihr Ziel konzentrieren, ihren Kurs beibehalten, produktiv und glücklich sein.

Der ideale „Moderator" wäre natürlich ein ausgebildeter Seelsorger, der von Gruppendynamik eine Ahnung hat, in den Prinzipien der inneren Heilung bewandert ist und das Vertrauen aller Teilnehmer genießt. Doch nur wenige Gruppen werden in der glücklichen Lage sein, eine solche Person als Leiter zu haben.

Wenn eine Gruppe sich ständig an einzelnen Themen festbeißt, undiszipliniert und unkontrollierbar wirkt oder auf offensichtliche Nöte nicht konsequent und aufmerksam reagiert, ist dies womöglich ein Zeichen dafür, daß ihr ein Leiter fehlt.

Als Minimalanforderung sollte eine Gruppe, die erfolgreich sein will, die am besten geeignetste Person zum Organisator oder „Hirten" machen; seine Aufgabe ist es, Termine zu vereinbaren, den Programmablauf zu moderieren und in der Zeit des Austauschs Hilfestellung zu geben, damit das Treffen zielgerichtet und konstruktiv bleibt. Ein guter Leiter zeichnet sich dadurch aus, daß er selbst frei heraus aus seinem Leben erzählen kann und die aktive Mitwirkung jedes Teilnehmers interessiert fördert und anerkennt.

Es ist denkbar, die Leitung einer Gruppe auf mehrere Schultern zu verteilen; das hieße, daß jeder Teilnehmer seine Gaben und Talente einbringt und somit die Bereiche Verwaltung, Gastfreundschaft, Musik, Lehre, Seelsorge oder andere Dienste abgedeckt werden. Wie auch immer man eine Gruppe gestaltet, es sollte stets im Vordergrund stehen, daß man jedem Teilnehmer hilft, er selbst zu sein, seine Identität zur Entfaltung zu bringen und das Maximum aus der gemeinsamen Zeit für sich herauszuholen.

Die meisten Gruppen und Kreise können sehr effektiv von Laien geleitet werden. Jedoch stößt man bei Gruppenteilnehmern bisweilen auf Probleme, die man nur unter Anleitung eines ausgebildeten, professionellen Seelsorgers anpacken sollte.

Die Gruppenteilnehmer sollten anerkennen, daß Alkoholismus, Drogenabhängigkeit, sexueller Mißbrauch und körperliche Mißhandlung schwierige Themen darstellen, die der Obhut eines speziell ausgebildeten Seelsorgers anzuvertrauen sind. Von Laien geleitete Kleingruppen sollten sich nicht darauf einlassen, bei Problemen, die in die Hände eines professionellen Seelsorgers gehören, Hilfsaktionen oder Therapien in größerem Ausmaß zu beginnen. Dadurch würde sich die Gruppe zu sehr auf Extremsituationen konzentrieren, mit denen sie ohnehin nicht angemessen umgehen kann, und die anderen Teilnehmern mit weniger gravierenden Nöten die Chance nehmen, Heilung und Wachstum zu erleben.

3. Machen Sie Anbetung und Lobpreis zu einem festen Bestandteil des Treffens

Im Rahmen einer Kleingruppe sollte immer Zeit dafür sein, daß man Inspiration bekommt und Spaß miteinander hat; Zeit, um durch die Gemeinschaft erneuert zu werden und seine geistlichen Batterien wieder aufzuladen. Dies wird vor allem durch eine gemeinsame Zeit des Singens und der Anbetung gefördert. Zudem bereiten Anbetung und Lobpreis den Geist jedes Teilnehmers darauf vor, die Botschaften Gottes zu hören und sich auf den Geist der anderen Teilnehmer einzustellen.

Eine Gruppe kann überdies davon profitieren, daß sie sich auch mal ganz zwanglos und aus Spaß an der Freud trifft. Picknicks, Ausflüge, Konzerte und Zeiten, in denen man gemeinsam ausgelassen und fröhlich ist, schaffen eine Atmosphäre entspannter Gemeinschaft, die für den Aufbau neuer und verschiedenartiger Beziehungen zwischen den Gruppenteilnehmern förderlich sein wird. Bei diesen Gelegenheiten kann man noch dazu hervorragend Beziehungen zu den Familien anderer Gruppenteilnehmer aufbauen und sich damit insgesamt besser kennen- und verstehen lernen.

4. Beschäftigen Sie sich objektiv mit entsprechenden Themen, die für die Teilnehmer interessant und lehrreich sind

Neue, gut aufbereitete Gedanken, die der Beschäftigung mit einem Thema entspringen, bringen frischen Wind in die Gruppe und bewahren sie davor, sich ausschließlich auf die schwierigen Problematiken und Nöte ihrer Teilnehmer zu konzentrieren. Machen Sie andererseits nicht den Fehler, sich so sehr in verschiedene Themen zu vertiefen und sich in die Sicherheit der Objektivität zu flüchten, daß Sie sich nicht mehr mit drängenden persönlichen Nöten zu beschäftigen brauchen. Eine Bibelarbeit oder Buchbetrachtung soll den persönlichen Austausch und Heilungsprozeß anregen, kann ihn jedoch nicht ersetzen.

Wenn man sich mit einem Thema beschäftigt, sollte der Leiter immer unbedingt dazu ermutigen, die neuen Gedanken und Anregungen im persönlichen Leben umzusetzen. Er oder sie sollte die Gruppe stets herausfordern, darüber nachzudenken, wie bestimmte Impulse zur Praxis werden können:

- ♦ Wie kann dieser Gedanke etwas in meinem Leben bewirken?

- ♦ Wie kann ich ihn praktisch anwenden, um ein Problem zu lösen, einen Schmerz zu heilen oder meinen schlummernden Geist zu wecken?

5. Pflegen Sie innerhalb der Gruppe einen echten und ehrlichen Austausch

Freimütige und aufrichtige Gespräche über die Sorgen und Nöte des Lebens sind die Grundvoraussetzung, wenn eine Kleingruppe erfolgreich sein soll. Wenn die Teilnehmer es nicht gewohnt sind, andere in ihr Herz schauen zu lassen, werden sie sich schwer tun, über oberflächliche Gespräche und Themen, die kein persönliches Engagement erfordern, hinauszukommen. Es gibt auch Menschen, die vielleicht bereit sind, sich mit Anliegen anderer zu beschäftigen, sich jedoch anfangs eher weigern, die Katze aus dem Sack zu lassen und eigene Nöte und Probleme zu offenbaren.

Sozusagen zum „Aufwärmen“ fängt man am besten mit einfachen, offenen Fragen an, auf die jeder problemlos antworten kann, wie z. B.: „Erzähl’ uns doch eine deiner schönsten Kindheitserinnerungen.“ Oder: „Beschreib’ die Person und den Ort, die für dich in deiner Kindheit der Inbegriff von Geborgenheit und Herzlichkeit waren.“

Wenn der Anfang einmal gemacht ist, hat man die Möglichkeit, zu tiefschürfenderen und womöglich schmerzhafteren Thematiken überzugehen, mit denen sich die Gruppe auf heilsame Art und Weise befassen kann.

Falls kein anderer Teilnehmer sein Herz ausschüttet, dann machen Sie den Anfang und sagen Sie: „Ich möchte euch von meinem Leben und meinen Problemen erzählen und würde euch gerne um Gebet bitten.“

Meist bricht das Eis und ziehen alle anderen nach, sobald einer die Initiative ergriffen hat. Je mehr die Menschen feststellen, daß die Gruppe ein sicherer Ort ist, an dem man sich auch einmal eine Blöße geben kann, desto begeisterter werden sie sich am Austausch beteiligen. Sie werden sich immer mehr öffnen und ehrlich von dem erzählen, wie es in ihnen aussieht.

6. Öffnen Sie die Gruppe für neue Mitglieder

Effektive Kleingruppen leben davon, daß ihre Teilnehmer es (oft sehr mühsam) gelernt haben, sich gut aufeinander einzustellen, und bereit sind, sich gegenseitig unter die Arme zu greifen; dennoch sollten Sie darauf achten, daß Sie nicht zu einer „geschlossenen Gesellschaft“ werden und neue Interessenten ausschließen. Die Idee von einer Gruppe, die wie eine Zelle wächst, d. h. sich immer wieder teilt und neue Gruppen hervorbringt, ist ein nachahmenswertes Modell. Eine Gruppe kann so sehr zu einer geschlossenen, verschworenen Clique werden, die im eigenen Saft brät, daß sie dem geistlichen Wachstum ihrer Teilnehmer nicht mehr förderlich ist. Es ist fast immer sehr zuträglich, neue Leute in die Gruppenbeziehungen einzugliedern.

Wir haben schon in mehreren Gruppen folgende Erfahrung gemacht: Sobald die Teilnehmer einander vertrauten, sich öffneten und von sich erzählten, konnten auch neue Leute zur Gruppe hinzustoßen, ohne daß sich die alten Teilnehmer verschlossen hätten; als die neuen Leute dies sahen, waren sie auch sofort bereit, sich zu öffnen. Es ist schon erstaunlich, wie schnell das geht.

Untersuchungen haben gezeigt, daß die normalen gruppendynamischen Probleme auftreten, sobald eine Gruppe einmal zwölf oder mehr Teilnehmer hat: Es sind dann immer dieselben paar Leute, die etwas erzählen. Gruppen sollten einen stellvertretenden bzw. „auszubildenden" Leiter haben, der die verschiedenen gruppendynamischen Fertigkeiten lernen und praktizieren kann. Falls sich die Gruppe dann teilt und eine neue entsteht, hat man auch gleich schon das Leiterschaftsproblem gelöst. Kleinere Gruppen sind leichter zu führen, produktiver und eher in der Lage, neue Interessenten willkommen zu heißen.

Wenn innerhalb einer Gemeinde Gruppenmitglieder gelegentlich in andere Kleingruppen wechseln, trägt dies zu einer gesunden Einheit in der Vielfalt bei und fördert den Austausch zwischen allen Mitgliedern.

Lyman Coleman, Autor, Redner und Urheber der bekannten *Serendipity* Kleingruppenbewegung, sagt, jede Gruppe müsse spätestens ein Jahr nach ihrer Gründung ein Betätigungsfeld gefunden haben, das außerhalb ihres Horizontes liegt. Falls sie nicht irgendeinen Dienst beginnt, eine andere Gruppe betreut und neue Mitglieder aufnimmt, wird ihre Effektivität und Funktionsfähigkeit darunter leiden. Coleman stellt in Kleingruppentreffen oft einen leeren Stuhl auf. Auf diese Weise sollen die Teilnehmer unübersehbar daran erinnert werden, daß sie andere Menschen erreichen und in die Gruppe holen sollen, damit auch sie in den Genuß der Heilung und des Wachstums kommen, die durch die Beziehungen innerhalb einer Kleingruppe möglich sind. Kleingruppen sind der ideale Rahmen für Heilung, Dienst und Evangelisation.

7. Achten Sie darauf, inwieweit die Gruppendynamik bei Teilnehmern Unbehagen hervorruft

Sie müssen sich der Tatsache stellen, daß manche Teilnehmer große Probleme haben und deshalb sehr viel Aufmerksamkeit brauchen, ja bisweilen sogar fordern. Das kann jedoch bei anderen Unbehagen hervorrufen. Wenn jemand in einer völlig kaputten Familie großwurde, sucht er womöglich in jeder Kleingruppe, die ihm über den Weg läuft, nach Linderung für seine Not.

Eine Gruppe wird um so leichter erkennen, was dahintersteckt, wenn jemand einen Großteil seines Zorns und seiner Frustration nach außen verlagert und auf bestimmte Gruppenteilnehmer projiziert, wenn sie weiß, daß der Geist eines Menschen schlummern kann und welche Auswirkungen dies hat. Falls dies geschieht, dürfen die Teilnehmer dies nicht als persönlichen Angriff verstehen und dementsprechend darauf reagieren. Sie sollten vielmehr erkennen, daß der Betreffende bedingungslose Liebe braucht, die sie ihm geben können.

Es kann auch sein, daß sich Gruppenteilnehmer schämen, sobald bestimmte Themen auf den Tisch kommen. Dies ist oft bei erwachsenen Kindern von Alkoholikern oder Opfern von Inzest, sexuellem oder körperlichem Mißbrauch und Homosexualität der Fall. Um auch auf derart außergewöhnlich sensible Bereiche eingehen zu können, muß sich die Gruppe gegebenenfalls selbst Grenzen setzen, bis zu welchem Punkt nachgeforscht werden darf und an wen besonders schwere Fälle weitergegeben werden sollen.

Jeder Teilnehmer sollte sich darüber im klaren sein, daß in so einer Kleingruppe nicht immer nur eitel Sonnenschein und eine entspannte Atmosphäre herrschen. Die Menschen haben oft echte und schwerwiegende Verletzungen, machen ihrem Zorn Luft oder brauchen eine Konfrontation. Die Gruppe ist wahrscheinlich nicht in der Lage, mit jeder Situation umzugehen und muß gegebenenfalls professionelle Seelsorge unter vier Augen empfehlen. Doch die Liebe ist der Schlüssel: Die Gruppe muß in liebevoller Hingabe zusammenhalten und bereit sein, auch schwere Zeiten durchzustehen, um Heilung zu bewirken.

8. Scheuen Sie sich nicht, gegebenenfalls Grenzen zu setzen

Manchmal kommt es vor, daß sich ein Mensch, der sich immer schon echte Elternschaft gewünscht, sie jedoch nie bekommen hat, an eine Mutter- oder Vaterfigur innerhalb der Gemeinde oder Kleingruppe klammert und zu viel von ihr bzw. ihm verlangt. Diese übergroße Not kann bisweilen unhaltbare Forderungen stellen. Die geistlichen Mutter- oder Vaterfiguren haben das Gefühl, bei lebendigem Leib verspeist zu werden, und sollten deshalb zu ihrem eigenen emotionalen Schutz Grenzen setzen. Wenn es darum geht, bestimmte Regeln aufzustellen, sagen Sie einfach: „Du liegst mir sehr am Herzen und ich möchte Zeit mit dir verbringen, doch dein Geltungsbedürfnis ist absolut maßlos. Ich kann dir nicht gestatten, meine ganze Zeit in Anspruch zu nehmen, so wie ich es meinen leiblichen Kindern auch nicht gestatten würde." Jeder Gruppenteilnehmer, der sich nach geistlicher Elternschaft sehnt, muß unterwiesen werden, wie er auf der Suche nach gehaltvoller geistlicher Nahrung angemessen und maßvoll vorgehen soll.

9. Respektieren Sie, daß alles, was in der Gruppe erzählt wird, vertraulich ist

Damit sie vor anderen ihr Herz ausschütten können, brauchen Gruppenteilnehmer die Gewißheit, daß ihre Bekenntnisse, Nöte und „Bankrotterklärungen" von anderen streng vertraulich behandelt und nicht außerhalb der Gruppe breitgetreten werden.

Die einzige denkbare Ausnahme wäre das Offenbarwerden von sexuellem oder körperlichem Mißbrauch. In solchen Fällen ist man rechtlich und moralisch dafür verantwortlich, alle erforderlichen Maßnahmen zu ergreifen, um eine weitere Gefährdung der Opfer zu verhindern, vor allem, wenn dabei Kinder im Spiel sind. Eine Gruppe sollte die Opfer des Mißbrauchs in christlicher Barmherzigkeit trösten, beraten und schützen und gleichzeitig eine professionelle Hilfe für die Täter organisieren.

10. Erkennen Sie an, daß echte Heilung nicht durch menschliche Kraft, sondern durch den Heiligen Geist geschieht, der durch den Leib Christi und unter Einsatz von Gebet wirkt

Ein Mensch wird keine Veränderung erleben, solange er nicht (an)erkennt, daß er anders sein muß und möchte. Doch allein die Erkenntnis, daß man einen verletzten oder schlummernden Geist hat, ist keine Garantie für Heilung. Viele Leute therapieren sich selbst jahrelang in ihren eigenen vier Wänden und bekommen alle möglichen Einsichten in ihre Psyche. Doch ohne die Gnade der Vergebung und die Umgestaltung des inneren Menschen durch die Gegenwart des Heiligen Geistes ist keine Heilung möglich.

Christen, die sich zu Kleingruppen zusammenschließen, um Wunden zu heilen, den schlummernden Geist von Glaubensgeschwistern zu wecken und einander in Liebe zu tragen, müssen sich vergegenwärtigen, daß sie die Kraft des Leibes Christi haben. Es ist nicht ihre eigene Kraft. Es ist die Kraft Gottes, die in ihnen Fleisch wird durch den Heiligen Geist, der im Leben von Menschen Wunder der Liebe wirken kann.

Gebet ist absolut unverzichtbar. Durch das Gebet werden Gott und Mensch in offener Kommunikation miteinander verbunden; durch das Gebet fließt die heilende Kraft Gottes in den Beziehungen von Christen untereinander.

Kleingruppen können einen schlummernden Geist buchstäblich wieder ins Leben „zurücklieben“ – nicht aus eigener Kraft, sondern Gott tut es durch sie. Gebet und Liebe, die neue Nahrung gibt – das sind die dynamischen Kräfte, die Heilung und geistliches Erwachen bewirken.

11. Schärfen Sie Ihren Blick dafür, wie Gruppenteilnehmer geistlich wachsen und freuen Sie sich über diese Fortschritte

Wenn echtes, persönliches geistliches Wachstum beginnt, müssen die Gruppenteilnehmer ihren Blick dafür schärfen, wie einzelne lebendig werden; es gilt, dieses Wachstum freimütig mit Zuspruch, Komplimenten und Ermutigung zu fördern. Die ganze Gruppe kann dieses Aufblühen eines erneuerten Geistes bejubeln und sich gemeinsam daran freuen.

Denn das sehnsüchtige Harren der Schöpfung wartet auf die Offenbarung der Söhne Gottes. (Röm 8,19)

Laßt uns das Bekenntnis der Hoffnung unwandelbar festhalten – denn treu ist er, der die Verheißung gegeben hat –; und laßt uns aufeinander achthaben, um uns zur Liebe und zu guten Werken anzureizen ... (Hebr 10,23-24)

12. Zeigen und leben Sie die Früchte des Geistes; scheuen Sie sich nicht, zu neuen Beziehungen weiterzugehen

Denken Sie bei allem, was Sie tun, an jene grundlegenden Lebensprinzipien, die Paulus als „Früchte" des Geistes Gottes bezeichnet, der in Ihnen wirksam ist. Wenn Sie untereinander Beziehungen aufbauen, um innere Heilung zu bewirken und den schlummernden Geist zu wecken, gibt es nichts Besseres als sich mit diesen Früchten umeinander zu kümmern:

- Mit Liebe
- Mit Freude
- Mit Friede
- Mit Langmut
- Mit Freundlichkeit
- Mit Güte
- Mit Treue
- Mit Sanftmut
- Mit Selbstbeherrschung

Jede Gruppe mit einem echten Zusammenhalt aus gegenseitiger Liebe und Unterstützung kommt früher oder später an den Punkt, an dem die Teilnehmer nicht mehr ihre eigenen Geschichten erzählen, sondern sich auf eine höhere und innigere Ebene begeben: Indem sie zur Gemeinschaft werden, schreiben sie die eigene, unverwechselbare Geschichte der Gruppe. Echte Gemeinschaft ruft ein herrliches Gefühl der Freude und Sicherheit hervor, das wir oft zu fest umklammern möchten, weil wir Angst davor haben, es wieder zu verlieren.

Doch die erstaunliche Dynamik einer echten Gemeinschaft von Menschen mit wachem Geist erweist sich darin, daß die entstehende Läuterung und Gruppenbindung alle Teilnehmer in die Lage versetzt, einander freizugeben, um Neuland zu erobern, neue Erfahrungen zu machen und geistlich noch reifer zu werden (vgl. Eph 4,11-16).

Haben Sie keine Angst davor, eine Kleingruppe mit lieben Freunden, die Ihnen geholfen haben, menschlicher zu werden, zu verlassen. Die Bindung vergangener Beziehungen bleibt immer bestehen. Wie Lyman Coleman sagt, bleiben solche Bindungen und Beziehungen ein Leben lang „abrufbereit". Dann hat jeder Gruppenteilnehmer die Freiheit, sich einen stets größer werdenden Freundeskreis aufzubauen, wo man einander Liebe und geistliche Nahrung zuteil werden läßt, um ein Leben mit mehr Fülle und Erfüllung zu genießen.

❦ **Himmlischer Vater**, ich danke dir für alles Gute und Positive, das ich von meinen leiblichen Eltern bekommen habe. Ich danke dir auch, daß ich bei den negativen und schmerzhaften Erfahrungen meines Lebens nicht stehenbleiben muß. Ich muß mich nicht mit einem „geistlichen Existenzminimum“ oder einem entstellten und verzerrten Selbstbild zufriedengeben. Jesus kann alles neu machen.

Laß' es noch viel offensichtlicher werden, wie herrlich meine Wiedergeburt in dir ist. Ich möchte total frei sein und in der Familie Gottes leben, wo Jesus mich durch die Beziehungen mit Müttern und Vätern, Schwestern und Brüdern, Großeltern, Tanten, Onkel und Kusinen im Herrn lieben, heilen und nähren kann.

Ich möchte voll und ganz Teil deiner Familie sein, Herr – verwurzelt in Liebe und in jederlei Hinsicht im Wachsen begriffen, damit ich das Maximum dessen, wozu du mich geschaffen hast, ausschöpfen lerne.

Ich vertraue darauf, Herr, daß du durch mich andere Menschen mit Liebe zu einem erfüllten Leben führen kannst. Hilf' mir, daß ich mich nie an den Schwächen derer, die mich umgeben, festbeiße, sondern mich stets auf dich konzentriere, der du heute in mir ein gutes Werk beginnst und es bis zum Tag Jesu Christi ganz sicher vollenden wirst.

Praktische Anwendung:
Nahrung und Zuwendung durch Familienangehörige, Freunde und Kleingruppen

1. Haben Sie das Gefühl, es wäre notwendig, daß Sie sich einer Kleingruppe von Christen anschließen, die Ihnen geistliche Nahrung geben können? Wenn ja, nennen Sie die drei wichtigsten Nöte, die eine solche Gruppe lindern sollte.

2. Nennen Sie drei Dinge, die Sie Ihrer Meinung nach in eine Gruppe einbringen könnten, um deren heilende Atmosphäre für Sie und andere noch zu verbessern.

3. Beschreiben Sie eine Zeit Ihres Lebens, in der Sie am stärksten das Gefühl hatten, „dazuzugehören", geliebt, glücklich und geistlich erfüllt zu sein.

4. Welche Faktoren trugen am entscheidensten zu diesem Gefühl bei?

5. Denken Sie sorgfältig und mit allem Ernst über folgende Fragen nach und notieren Sie Ihre Gedanken:

♦ Unter welchen Voraussetzungen würde ich derzeit geistlich am besten wachsen? Welcher Rahmen müßte gegeben sein?

♦ Mit welchen Menschen sollte ich Gemeinschaft pflegen?

♦ Wo sollte ich nach ihnen suchen?

♦ Welchen Teil muß ich dazu beitragen, daß ich die geistliche Nahrung bekomme, die ich brauche?

6. Besprechen Sie diese Fragen mit einem Freund oder in Ihrer Gruppe (falls Sie bereits in einer sind). Notieren Sie in Form eines „Aktionsplans“, wozu Sie sich gerne verpflichten möchten.

Was ich ganz praktisch unternehmen werde, um Freundschaften „mit geistlichem Nährwert“ zu schließen:

Wo ich hingehen werde, um die richtigen Freunde zu finden:

Was ich ganz praktisch tun werde, um mein geistliches Wachstum und das Erwachen meines Geistes zu fördern:

7. Gehen Sie einmal im Monat diesen Aktionsplan durch. Prüfen Sie, ob Sie „Kurs halten“. Halten Sie, wozu Sie sich verpflichtet haben? Wenn nicht, warum nicht?

Wie die Geschichte weiterging ...

Jeder von uns muß manchmal daran erinnert werden, daß so manches ganz anders ist als es sich uns anfangs dargestellt hat. Und wenn wir wirklich Torheiten auf den Leim gehen (oder auch nur auf dem völlig falschen Dampfer sind), ist Bekennen die beste Medizin.

Am Anfang dieses Buches erzählten wir, wie ein wildes Kätzchen namens „Fraidie“ in unserer Garage ein Junges bekam. Das kleine Kätzchen, das wir bei uns aufnahmen und „Lady“ tauften, wurde durch Liebe und Zuwendung eine anschmiegsame und freundliche Familienkatze. Diese Geschichte ist durch und durch wahr so wie die daraus abgeleitete Analogie, daß jeder von uns in vergleichbarer Weise Stärkung, Förderung und Zuwendung braucht, um ein wahrhafter Mensch mit wachem Geist zu werden. Aber wir können diese Geschichte nicht einfach so abschließen, ohne zu gestehen, wie sie weiterging; diese Weiterentwicklung demütigte uns, ließ uns über uns selbst lachen und lehrte uns wieder eine Lektion.

Katzenfreunde sagen sehr oft, daß süße kleine weibliche Kätzchen etwas ganz Besonderes haben, das bei Menschen andere Gefühle weckt als ein „Katerchen“. Und genau dasselbe Empfinden hatten wir bei Lady. Sie war so zutraulich und verspielt. Es war einfach drollig, wie sie lernte, morgens zu uns ins Bett zu hüpfen und uns zu wecken, indem sie ihren Kopf an unseren Händen rieb und darum bat, zum gemeinsamen Tagesbeginn gekrault zu werden.

Als sie ungefähr sechs Monate alt war, hatte sie eine Phase von etwa drei Tagen, in denen sie sich auf einmal sehr eigenartig und aufgeregt verhielt. Wir dachten zuerst, sie ließe eben ihre Jugend hinter sich und würde zum ersten Mal in ihrem Leben läufig. Doch als wir an jenem Morgen im Bett ihr weiches Fell streichelten, erlebten wir eine ganz schöne Überraschung. Wir stellten fest, daß dieses süße kleine Weibchen gar kein Weibchen war! Praktisch über Nacht hatten sich offensichtlich unbemerkt ihre Drüsen verändert, und nun war es offensichtlich, daß Lady in Wirklichkeit ein kleines Katerchen war!

Zunächst dachten wir: „Das ist doch unglaublich!" Dann: „Wie peinlich!" Schließlich: „Wie sollen wir es nur unseren Freunden sagen, daß wir ein Männchen nicht von einem Weibchen unterscheiden können?"

Nachdem wir einen halben Tag lang schockiert und voller Selbstzweifel den Kopf geschüttelt hatten, fanden wir unsere Selbstbeherrschung wieder. Wir erinnerten uns daran, daß wir dieses kleine Kätzchen schließlich gleich nach der Geburt vom Tierarzt hatten untersuchen lassen. Da er sich nicht wunderte, warum wir ein Männchen Lady nannten, war er vielleicht auch nicht im Bilde. Warum sollten wir uns dann einreden, wir könnten eins und eins nicht zusammenzählen?

An jenem Tag tauften wir Lady in Grady um. In den darauffolgenden Tagen geschah etwas Bemerkenswertes: Allmählich dachten wir anders über Grady. Ja, er war immer noch die süße, knuddelige, verspielte und zutrauliche Katze, die wir als Lady gekannt hatten. Doch mit einem Mal kam er uns jetzt, da wir wußten, daß er kein Weibchen war, auch weniger weiblich vor. Wir spielten nun anders mit ihm. Anstatt in ihm ein herziges, neckisches „Mädchen" zu sehen, nannten wir ihn nun „kleiner Gauner", womit wir klar und deutlich seiner Männlichkeit Rechnung trugen.

„Ist das nicht sonderbar?", dachten wir. Dann dachten wir intensiver darüber nach und fragten uns laut: „Vielleicht hat uns das mehr zu sagen als Grady, der ja nach wie vor die gleiche süße Katze ist!"

Wenn die „Fraidie-Lady"-Analogie veranschaulichen kann, welche Kraft Zuwendung, Zuspruch und Fürsorge haben, können wir aus der „Lady-Grady"-Geschichte vielleicht auch etwas lernen. Womöglich hängt das Endergebnis von Förderung und Zuwendung in hohem Maße davon ab, wie man von seinen Mitmenschen gesehen wird und wie man sich letztendlich selbst sieht.

Wurde aus Grady jene süße und liebenswerte Katze, weil wir ihn, gemäß unserer Erkenntnis, wie ein Weibchen behandelten? Hätten wir von Anfang an erkannt, daß er ein Kater ist und ihn deshalb auch etwas rauher und burschikoser behandelt und unterschwellig den „Macho“ in ihm angesprochen, wäre seine Entwicklung dann anders verlaufen? Wahrscheinlich!

Aus der ganzen Geschichte können wir mehrere und vielschichtige Lehren ziehen.

Erstens: Wir sollten uns genau darüber im klaren werden, wie wir Kinder sehen und behandeln. Erziehen wir beispielsweise Mädchen ganz automatisch von Haus aus zu „süßen Lieblingen“ und Jungen zu „harten Kerlen“? Oder sind wir in der Lage, bei Frauen Stärke und bei Männern Sanftheit zu schätzen, und lassen wir zu, daß sich diese Qualitäten in Kindern unabhängig vom Geschlecht ganz natürlich entwickeln?

Kinder werden unsere kühnsten Erwartungen höchstwahrscheinlich erfüllen, wenn wir ihnen angemessene Liebe schenken, Raum zum Lernen und Wachsen geben und permanent die Gnade Gottes vermitteln.

Zweitens: Erkennen wir an uns selbst, wie entscheidend die Stärkung und Zuwendung durch das Umfeld, in dem wir aufwuchsen, zu unserem Selbstbild beitrugen? Begreifen wir, inwieweit unser Bild von uns selbst von der Behandlung und Einstellung anderer Menschen geprägt wurde? Sind wir geistlich eingeschlafen, nicht absichtlich, sondern weil wir nur unzureichend genährt wurden, weil wir vernachlässigt wurden und weil wir selbst nicht verstanden haben, wie man wirklich lebendig bleiben kann?

Und vor allem: Wissen wir, wie wir statt dessen diese Begrenzungen hinter uns lassen und zu wachsen beginnen können, um der Mensch zu werden, den Gott aus uns machen möchte? Begreifen wir, wie wichtig es ist, christliche Freunde zu finden, die uns lieben, fördern, stärken und ermutigen? Verstehen wir, wie sehr Gott möchte, daß wir hellwach sind, daß wir empfänglich sind für sein Reden und daß wir in unserem Leben auf seinen Heiligen Geist reagieren?

Wenn es einen roten Faden gibt, der bei der Lektüre dieses Buches erkannt und begriffen werden sollte, dann ist dies die Tatsache, daß Sie nicht bis zum Ende Ihrer Tage als Opfer durchs Leben gehen müssen.

Gleichgültig, welche Irrfahrten Sie hinter sich haben; gleichgültig, ob Sie in Ihrem Leben geliebt, gefördert und gestärkt wurden oder nicht; gleichgültig, wie viele Schmerzen und Wunden Sie tragen – ab diesem Augenblick wartet das Leben auf Sie! Es liegt an Ihnen, ja zu sagen!

Steh' auf und werde licht, du schlafender Geist! Wie Grady, die wilde Katze, die heute eine streichelnde Hand so sehr liebt, sollst auch du dich nicht scheuen, um die Zuwendung zu bitten, die dich nähren und erquicken wird. Wage dich in neues Gebiet vor mit der Gewißheit, daß Gott dich beschützt, liebt und sicher führen wird. ❦

Weiterführende Literatur

Berg, Elizabeth. *Family Traditions, Celebrations for Holidays and Everyday.* Pleasantville, NY (USA), The Reader's Digest Association, Inc., 1992.

Coleman, Lyman. *Serendipity Small Group Training Manual.* Box 1012, Littleton, CO 80160, USA, Serendipity House, 1991.

Faber, Adele und Mazlish, Elaine. *Nun hör' doch mal zu.* Knaur TB 7793, Droemersche Verlagsanstalt (Knaur), München.

Edelman, Marian Wright. *The Measure of Our Success.* Boston, Beacon Press, 1992.

Fitzpatrick, Jean Grasso. *Something more, Nurturing Your Child's Spiritual Growth.* New York, Viking, 1991.

Sandford, John und Paula. *Heilung des verwundeten Geistes.* Verlag Gottfried Bernard, Solingen, 1992.

Sullivan, S. Adams. *The Quality Time Almanac, A Sourcebook of Ideas and Activities for Parents and Kids.* Garden City, New York, Doubleday & Company, Inc., 1986.

Swindoll, Charles R.. *The Grace Awakening.* Dallas, Word Publishing, 1990.

Glossar gängiger Begriffe, wie sie in diesem Buch verwendet werden

Noah Webster arbeitete mehr als dreißig Jahre lang mit großer Sorgfalt an einem Wörterbuch, das im englischsprachigen Raum allgemein als Standard für wissenschaftliches Arbeiten akzeptiert wird. Ein Wörterbuch theologischer Begriffe zu erarbeiten, das von allen Christen akzeptiert wird, wäre vermutlich noch schwieriger. Wir wissen, daß dieses Glossar, was seine Wortwahl, seine Genauigkeit in der Wiedergabe konfessioneller Lehren und seine Ausführlichkeit der Definitionen betrifft, selbstverständlich nicht jeden Leser zufriedenstellen wird. Wir möchten dem Leser lediglich helfen, ein sehr grundlegendes Verständnis einiger theologischer Schlüsselbegriffe zu bekommen, die in diesem Buch verwendet werden. Bitte akzeptieren Sie dieses Glossar, so wie es ist, und lesen Sie es mit christlicher Barmherzigkeit.

Anbetung – Eine Haltung der Ehrfurcht, Wertschätzung, Dankbarkeit, Hingabe, Verletzbarkeit, Kommunikation und freudigen Verehrung gegenüber Gott, die durch die Inspiration des Heiligen Geistes und unsere Offenheit für seine Gegenwart möglich wird.

Charismatisch – Ein wiedergeborener Christ, der die einzigartigen Gaben des Heiligen Geistes anerkennt und persönlich ausübt; mit diesen Gaben ist er oder sie ausgerüstet, um zur Erbauung der Gemeinde Christi das Werk Christi in der Welt zu tun.

Denken (auch: Sinn) – Unser Intellekt; die argumentative Fähigkeit zur logischen Entscheidungsfindung, mit der wir eine bestimmte Vorgehensweise wählen.

Evangelikal – Menschen, die wissen, erfahren haben und ihrerseits weitervermitteln, was es heißt, in Jesus Christus wiedergeboren zu sein.

Familie Gottes – Alle Menschen, die, unabhängig von Verwandtschaftsverhältnissen, aufgrund der Liebe und Einheit, die sie als Nachfolger Jesu Christi füreinander empfinden, bewußt zur geistlichen Nahrung anderer beitragen.

Fleischgeworden (Fleischwerdung) – Der Akt Gottes, durch den er in Jesus Christus tatsächlich die Gestalt menschlichen Fleisches annahm, um die Beziehung aller Menschen zu ihm wiederherzustellen. Menschen, die Jesus Christus als Heiland bekennen und dem Heiligen Geist gestatten, die Kontrolle über ihr Leben zu übernehmen, damit sie das Werk Christi in dieser Welt tun, werden dieser Fleischwerdung teilhaftig.

Gebet – Persönliche Kommunikation mit Gott, um ihn zu preisen, ihm zu danken, bei ihm Hilfe zu suchen oder für andere Menschen, mit denen man sich identifiziert, Fürbitte zu leisten.

Geist (des Menschen) – Die gottgegebene Lebenskraft im Menschen, die darüber entscheidet, welche Beziehung man zu Mitmenschen und zu Gott aufbaut und in welchem Ausmaß sich Lebensfreude und -qualität sowie die Seele entwickeln und Bestand haben.

Geistesgaben – Spezielle Gaben, durch die Gott mittels seines Heiligen Geistes Christen befähigt und kräftigt, damit sie zum Aufbau des Leibes Christi zugerüstet werden, um die Werke Jesu in der Welt tun zu können.

Gemeinde (auch: Kirche) – Alle Menschen, die Jesus als Christus, den Messias und Sohn des einen wahren Gottes bekennen und sich in Gemeinschaft zusammenschließen, um Gottes Werk zu tun.

Gewissen – Ein *echtes Gewissen* wird von einem wachen Geist aktiviert und versetzt einen in die Lage, den potentiellen Schmerz nachzuvollziehen, den man einem Mitmenschen oder sich selbst zufügen würde. Es warnt im voraus, um verletzendes oder ungerechtes Handeln zu verhindern. Ein *Reuegewissen* spricht erst nach einem Vorfall an und erinnert an das begangene Übel. Es wird in erster Linie aufgrund von Regelverstößen, Rechtsbruch oder dem Bedauern, erwischt worden zu sein, aktiv und nicht, weil man mit dem anderen mitfühlen kann, der durch die eigene Tat hätte verletzt werden können.

Heiliger Geist – Die geistliche Anwesenheit des dreieinigen Gottes (Vater, Sohn und Heiliger Geist), der in unserer Mitte wohnt, um uns von Sünde zu überführen, zur Buße und zur Umkehr zu rufen, in Zeiten der Not zu trösten und uns zu befähigen, sein Werk in dieser Welt zu tun.

Humanismus – Die Verherrlichung der Position des Menschen; für den Humanismus ist die Krone des Universums der Mensch, der in seinem Intellekt und in seinen auf rationalem Denken und guten Werken beruhenden Beziehungen immer höhere Ebenen erreicht. Der Humanismus ist eine Imitation des echten Menschseins, also des Werkes, das Gott, der Schöpfer und Bewahrer allen Lebens, vollbringt, um Männer und Frauen durch seine rettende Gnade in das Wesen Jesu Christi umzugestalten.

Innere Heilung – Die Heilung geistlicher und emotionaler Wunden, die den inneren Frieden eines Menschen erneuert und die richtigen Beziehungen zu seinen Mitmenschen und zu Gott wiederherstellt. Innere Heilung wird bewirkt, indem man seine eigenen Sünden und Verletzungen erkennt, seine Nöte mit bußfertigem Herzen im Gebet zu Gott bringt, anderen Menschen vergibt und selbst Vergebung erlangt und annimmt. Christus macht mit seiner umgestaltenden Kraft alles neu, indem er die Sünden und Verletzungen der ganzen Menschheit auf sich nimmt.

Inspiration – Kreative Gedanken, Ideen, Erkenntnisse, Einsichten oder Formen des Gefühlsausdrucks, die dem Menschen vom Geist Gottes über seinen eigenen wachen Geist vermittelt werden.

Kirche – siehe Gemeinde

Körper – Fleisch und Blut der irdischen Gestalt des Menschen, die als Wohnort (Tempel) des Denkens, der Seele und des Geistes mit dem geistlichen Bereich vernetzt sind.

Leib – siehe Körper

Leib Christi – Die allumfassende Gemeinde, zu der alle Personen gehören, die bekannt haben, daß Jesus Christus der Sohn Gottes ist, und sich verpflichtet haben, ihm als Herrn und Heiland nachzufolgen.

Menschlich – Einen wachen Geist haben, durch den wir uns mit anderen Menschen identifizieren, mit ihnen mitfühlen, mit ihnen eins werden und ihr Wesen wertschätzen, ja sogar mehr als unser eigenes Leben. Kurz gesagt: Wahrhaft menschlich sein heißt, wie Jesus sein.

Menschliche Art (oder: Die Art Mensch) – Rein wissenschaftlich definiert ist der Mensch, da er Warmblüter ist, seine lebendgeborenen Nachkommen mit Milch füttert und Körperbehaarung aufweist, ein Tier aus der Gattung der Säugetiere. Die Art Mensch unterscheidet sich jedoch auf einzigartige Weise von allen anderen Tieren aufgrund ihres Sinnes (die logisch-rationale Denkfähigkeit), ihres Geistes (die gottgegebene Lebenskraft, die eine innige Kommunikation und Beziehung mit anderen Menschen und mit Gott ermöglichen kann) und ihrer Seele (die Fähigkeit des Geistes, sich dem Leben zu stellen, darauf zu reagieren und Charakter sowie Persönlichkeit aufzubauen).

Nahrung – Die Gesamtwirkung dessen, wie jemand bei der Prägung des Geistes, der Gedanken, der Gefühle und des Charakters eines anderen Menschen Liebe und Fürsorge schenkt, Lehre vermittelt und Vorbild ist.

Prophet – Jemand, der eine spezielle Gabe vom Heiligen Geist hat, um Gottes Wort zu verstehen und es mit Vollmacht, Überzeugung und Klarheit weiterzugeben.

Religion – Die Form oder das Ritual der Anbetung und Hingabe an Gott, die Teil einer echten Geist-zu-Geist-Beziehung mit Gott sein kann, sich jedoch oft nur auf Regeln, Vorschriften, Liturgien und Gepflogenheiten konzentriert.

Schlummernder Geist – Jemand, dessen Fähigkeit, eine angemessene Beziehung zu anderen Menschen und zu Gott aufzubauen, infolge mangelhafter Nahrung in der Kindheit verkümmerte; oder jemand, der sich als Erwachsener aus innigen Beziehungen zurückzog, sich nicht mehr mit Kunst und Natur beschäftigte, Anbetung und Lobpreis vernachlässigte und wiederholt in Sünde fiel, was insgesamt zu geistlicher und emotionaler Lethargie führte.

Schlüssel der Erkenntnis – Besondere, gottgegebene Einsichten, die Menschen helfen, ihren geistlichen Zustand zu begreifen und sich nach innerer Heilung und geistlicher Wiederherstellung durch die Barmherzigkeit Gottes auszustrecken.

Seele – Die Struktur aus Denken, Charakter und Persönlichkeit, die sich entwickelt, indem der Geist dem Leben begegnet, darauf reagiert und Verarbeitungsmechanismen aufbaut.

Sinn – siehe Denken

Wiedergeboren – Dieser Begriff beschreibt jemanden, der über seine Sünde Buße getan und infolgedessen die vergebende Gnade Jesu Christi empfangen hat und versucht, in der Kraft des Todes, des Begräbnisses und der Auferstehung Christi in diesem neuen Leben zu wandeln.

Zungenrede – Eine Geistesgabe, durch die man in die Lage versetzt wird, Gott so von Geist zu Geist zu preisen oder von ihm eine Botschaft zu empfangen, daß die normalen Sprachschemata sowie die „Zensur-“ und Filtermechanismen des bewußten Denkens umgangen werden.